음악, 마음을 다스리다

음악, 마음을 다스리다

음악은 어떻게 인간을 완성시켰는가

윤용섭 지음

글항아리

"물고기는 강호의 안에서 놀지만 늘 강호에서 서로를 잊고 살며, 사람은 도술의 터에서 살아가지만 늘 도술에서 서로를 잊고 지낸다魚相忘於江湖, 人相忘於道術"고 한다. 또 『중용』에서 말하기를, "도라는 것은 잠시라도 여읠 수 없으니, 잠시라도 여읠 수 있다면 곧 도가 아니다道也者, 不可須臾離也, 可離, 非道也"라고 했다. 공중을 나는 새가 공중을 여읠 수 없고 종이 위에 그려진 그림이 종이를 벗어날 수 없듯이 사람은 도를 벗어날 수 없다. 그러나 사람들은 도를 잊고 살고 있다. 뿐만 아니라 도의 이치에 어긋나게 살아간다. 눈에 보이고 귀에 들리는 겉모습에 집착하면 할수록, 보이지 않고 들리지 않는 도의 경지, 진리의 세계는 멀어져가기 때문일 것이다.

이 때문에 성인들은 보고 듣는 것을 조심하라 했다. 만일 보고 싶은 대로 보고, 듣고 싶은 대로 들으면서 산다면, 그 보고 듣는 순간순간은 쾌락을 느낄지 몰라도 욕망이 마음을 지배하여 통제를 잃게 된다. 그리고 마침내 몸도 마음도 지치고 고통스럽게 된다. 쾌락을 추구하여 오히려 고통을 초래하는 것이다. 이는 자신에게만 해를 끼치는 게 아니라, 다른 사람들의 자유를 방해하고 사회의 조화도 깨뜨린다. 이를 자제하고 돌이키는 이성의 능력과 장치가 필요하니, 그것이 곧 도덕이요 윤리며 예절이 아닐까 생각한다.

하고 싶은 일을 하지 않는 것은 고통스럽다. 그렇지만 이 힘든 일들은 대부분 인간에게 약이 된다. 인격과 정서에 도움이 되고 심신을 건강하게 한다. 그런데 사람의 욕망과 감정의 흐름을 거스르지 않고 적당히 순응하면서 스스로도 모르는 사이에 인격과 정서가 고양되는 방법이 있으니 바로 음악이다. 이 음악의 위대한 효용을 먼저 발견한 자는 동양 고대의 성현들이었다. 음악을 통한 교육과 국가 질서의 장엄은 진작부터 펼쳐졌다.

이 원리는 악교樂敎로 실천되고 조회와 제례를 비롯한 각종 의식 행례에서 구체화되었다. 악樂은 예禮와 함께, 욕망을 절제하고 감정의 발동을 순화시키며, 마음가짐과 몸가짐을 조화롭게 했다. 이 두 가지 보물에 내장된 속성은 서로 전혀 다르면서도 보완관계여서, 자아를 향한 자율적 통제와 바깥을 향한 사회적 공감을 원활하게 하는 힘이 있다. 그러면서도 예는 의義에 가깝고 악은 인仁에 가깝다. 그러므로 '인의예지'의 네 가지 덕을 인격 완성의 기준으로 삼는 유교의 정치철학에서 예악이 막중한 자리를 차지함은 무척이나 당연한 일이다.

일찍이 공자는 자기의 큰 제자인 자로子路의 슬瑟 연주를 두고, "유由(자로)는 어찌하여 내 집에서 슬을 타는가?" 하며 그 음의 경지가 깊지 못함을 지적한 적이 있다. 이에 문인들이 자로를 공경하지 않자 공자는 다시, "유는 마루에는 올라왔지만 아직 방에 들어오지 못했을 뿐이다子曰 由也升堂矣 未入於室也"라며 자로를 위해 변명하니, 문인들이 다시 태도를 바꿨다.

이 이야기만 보더라도, 공자의 학당에서 금슬琴瑟 연주와 같은 음악 공부가 수신과 교육의 일과로 매우 중시되었음을 알 수 있다.

원래 음악은 마음의 산물이며 감정의 발동에서 나왔다. 그것은 감탄과 감동에서 탄생했는데, 처음에는 시詩로 표현되고 다음에 노래가 된다. 노래가 되면서 가락과 장단이 갖춰지고 악기가 도우며 화성和聲이 이뤄진다. 여기에 춤까지 곁들여지면 완전한 음악이 된다. 음악은 즐거운 활동이며 감정을 조절하는 물건이므로 인간의 정서활동에 크나큰 영향을 끼친다. 그리고 음악이라는 예술 행위는 전파력이 강하고 거의 집단적으로 이루어지므로 세태 풍속의 성쇠에도 작용한다.

동양의 고전시대에 음악의 중요성은 철저히 인식되었다. 손님맞이와 각종 연회, 마을의 공동 작업과 나라의 제사, 국가의 의식과 국제 간 교류에 언제나 사용되었다. 악樂은 '즐거울 락樂'과 같은 문자를 쓴다. 이처럼 즐거우면서도 효과가 크니 잘못 사용하면 그 해도 클 수 있다. 성현들은 개인과 세상을 이롭게 하는 음악을 덕음德音이라며 권장하고 개인과 세상을 해롭게 하는 음악을 익음溺音이라며 경계했다. 한국과 중국 문화권에서는 이처럼 음악의 가치가 일찍부터 인정되어 음악의 본질과 유용성에 관한 많은 연구와 실천이 이뤄졌다.

이 책은 이와 같은 관점에서 중국과 한국에서 제기되었던 음악 이론과 음악정치를 일별하고 마음을 다스려 도를 찾고자 했던 선비들의 삶에서 음악과 연결되는 부분의 대략을 살펴보고자 했다. 동양사회의 이상세계는 요순의 태평성대였으며 후대의 인민들에게 늘 선망의 대상이었다. 그러나 요순시대는 먼 옛적의 이야기이며 기록도 소략하다. 그런데 여기에 준하는 좋은 시절이 '문무성강文武成康의 치세'로 일컬어지는 주나라 초기의 성세盛世인데, 이 시기는 상대적으로 후대에 가까우며 시대 상황에 관한 기록도 비교적 풍성하다. 공자는 주나라 정치와 풍속을 회복하려고 한 인물이다. 이 시절에는 민심과 풍속이 순후하여 서민과 귀족층이 즐겨 부른 민요와 가곡들도 아름답고 후덕했으니, 그 노래가 바로 『시경』의 시편詩篇들이다. 시는 곧 노랫말인데 노래의 주제와 내용이 되므로 음악의 측면에서도 매우 중요하다. 한당漢唐 이후의 시대에는 『시경』의 온유돈후한 시가詩歌를 다시 접할 수 없다 할 정도다. 당나라의 대시인 이태백이 가슴 깊이 품은 시적 사명도 바로 저 『시경』 시대의 시로 돌아가는 데 있었다. 따라서 이 책을 써나감에 있어서 동양의 옛 음악을 소재로 하되, 시와 음악을 이어가며 이야기했다. 또한 유학의 도와 선비의 멋을 파악하는 데 집필의 목적이 있으므로, 주로 유교 사상의 실천과 연결되는 선상의 음악, 이른바 아악과 정악에 제한하여 서술했다. 다만 독자의 편의를 위해 될 수 있는 한 수신·제가와 치국·평천하라는 유학적 이상의 구현 과정과 시악詩樂 변천의 역사적 흐름에 맞추려 했다.

예컨대, 공자의 음악관과 주자의 음악관을 일별하고 조선시대에 들어와서 세종이 어떻게 우아한 옛 음악을 재현하려 노력했으며, 이 노력의 결실이 실학 시대를 만나 어떻게 변화되는가를 살펴봤다. 그리고 유학의 음악관이 개개의 선비에게 어떻게 적용되었는지도 고찰했다. 물론 필자가 익힌 학문이 얕고 능력이 미비하여 체계적이고 정치한 측면이 부족하며 악론樂論의 명쾌한 전개가 미흡하다. 그러나 유교철학의 실천과 동양 음악의 수용에 관한 연구에 있어서 소략하나마 작은 참고가 될 수도 있다는 기대

음악, 마음을 다스리다

도 있다. 다만, 천지만물과 그 조화를 같이한다는 "진정한 음악이란 과연 무엇인가"에 관한 좀더 명확한 의견을 개진하지 못한 점은 매우 아쉽게 생각한다. 원래 해제와 원전 읽기의 마무리 부분에서 다루려 했으나, 여러 사정으로 다음 기회로 미룬다.

우리 민족은 춤과 노래를 즐겼고 잘했다. 길을 가면서도 밤낮 끊임없이 노래를 불렀다고 『후한서後漢書』에 기록했을 정도다. 그리고 '동방예의지국'이란 칭송을 들을 만큼 일상의 예절이 반듯했다. 이와 같이 '예악'과 밀접한 민족인 우리는 지금도 음악을 잘하는 나라에 속한다. 그러나 학교 교육에서는 물론이고 전통의 가치를 인정하고 유교적 덕목을 존중하는 이들까지도 전통 음악을 접하지 못하고 있다는 점은 안타까운 현실이다. 예와 악이 함께 존중되고 평화롭고 깊이 있는 음악이 사랑을 받으며 예술과 교육에서 정악正樂이 각광받는 시절을 기다려본다.

이제 이 책이 세상에 나오는 데 있어 큰 도움을 주신 분들께 감사를 표하고 붓을 놓고자 한다. 그동안 국악계의 여러 선생님과 지우知遇들께 높은 가르침과 도움을 많이 받았지만, 특히 천학비재의 자격에도 불구하고 격려와 믿음을 아끼지 않으신 한국국학진흥원의 김병일 원장님과 제작의 수고를 다하신 글항아리 여러분, 국악의 이론과 실제에 깊이 있는 자문을 해주신 국립국악원의 이숙희 연구관님께 깊은 감사를 드린다.

낙동강 변 안동 마뜰에서
윤용섭 적음

❀ 차례

책머리에 005

1장 풀이하는 글

1 유교문화와 음악 015

2 수신의 악
  음악으로 중화에 도달해 인仁을 얻는다 035

3 치국의 악
  시와 예악으로 태평세상을 이루다 053

4 강호의 음악
  강호의 모래바람에 영욕을 잊고 어부가를 부르며 주자를 사모한다 095

5 풍류방의 선비 음악
  거문고와 노래로 산과 물을 닮는 풍류를 즐기다 117

2장 원문으로 읽는 음악 이야기

01 단계 _ 유교와 음악 153

02 단계 _ 수신의 악 165

03 단계 _ 치국의 악 176

04 단계 _ 선비의 음악 214

05 단계 _ 강호와 풍류의 도를 즐기는 음악 228

3장 원문 및 함께 읽어볼 자료

원문 251

함께 읽을 자료 264

주 268

원문 주 281

樂

풀이하는 글

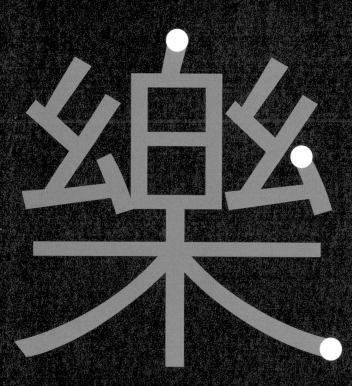

1.
유교문화와 음악

"유교만큼 음악을 중요하게 여기는
철학 사상은 존재하지 않았다."

유교와 수기안인修己安人

공자가 매우 사랑하던 제자가 있었는데 단순 솔직하고 진실 돈독하며, 말보다 실천이 앞서고 체면보다 내용을 중요하게 여겼다. 성격이 성급하지만 용기 있고 과감해 무슨 일이든 뒤로 물리는 법이 없었고 매사에 자신 있어 했다. 더러 큰 소리도 치고 입바른 말을 해 스승과 동료들에게 주의와 놀림도 받았지만, 도의를 존중하고 현인을 받들 줄 알며 옳은 일에 목숨을 아끼지 않는 훌륭한 인물이었으니, 그는 바로 자로子路다. 성씨는 중仲이고 이름은 유由이며 자字가 자로였다. 성격이 조급하고 단기短氣라, 비명에 갈까봐 스승이 늘 걱정했던 사람이다. 이 자로가 어느 날 공자에게 대뜸 군자君子[1]에 대해 물음으로써 다음의 문답 기록이 『논어』에 남겨졌다.

자로: 군자란 무엇입니까?
공자: 경으로 몸을 닦는 사람이니라修己以敬.

『논어』, 조선시대, 서울역사박물관.

자로: 이것뿐입니까?

공자: 몸을 닦고 남을 평안하게 해주느니라修己以安人.

자로: 이것이면 다입니까?

공자: 몸을 닦고 백성을 평안하게 해주는 것이니修己以安百姓, 이것은 요 임금·순 임금도 힘이 들어 병통으로 여겼느니라."[2]

공자의 답변은 간략하면서도 깊고 넓은 뜻을 지니고 있다. 그것은 첫째, 군자란 항상 경건敬虔한 자세로 매사에 임하면서 수신해야 한다는 것이다. 송나라에 들어서서 성리학 시대가 열리자, 인간의 모든 덕목 가운데서 가장 강조되고 각광받은 것이 바로 경敬이었다. 특히 이정자二程子(정호와 정이)로부터 시작된 '경의 철학'은 주자朱子에 의해 최고조로 정비되고 주자와 여조겸呂祖謙의 『근사록』과 진덕수眞德秀의 『심경心經』에 이르러 그 체제가 완비되었다. '경의 철학'은 조선으로 건너와 거의 500년을 관통하여 선비들의 최우선 도덕률이자 인격 함양의 보물이 되었다. 그러므로 이 첫 번째 질문에 대한 공자의 답변만으로도 성리학 또는 주자학이라는 거대한 철학 체계가 탄생할 수 있는 공리公理나 근거가 될 정도로 충분하고 명확한 것이었다. 그렇지만, 진취적이며 언제나 자신만만한 자로에게는 무척이나 단순하고 평범한 답이었기에, 그 높은 군자의 자격 요건이 겨우 그것뿐입니까 하고 되물었던 것이다.

이 당돌한 제자의 물음에 공자는 친절하게도, "자기 몸을 닦고 남을 평안하게 해주느니라"라며 역시 쉽고도 풍성한 뜻을 지닌 답을 해줬다. 수기안인! 얼마나 아름답고 자비로운 말인가? 군자는 멀리서 보면 우러러볼

만하며 가까이서 마주 대하면 싫증이 나지 않는다고 했다.[3] 아무리 오랫동안 함께 있어도 편안하고 싫증나지 않는 사람, 그러면서도 위엄이랄까 귀한 모습이 있는 사람! 어찌 군자가 아니겠는가? 요즘은 똑똑한 사람이 많지만 편안한 사람이 더 좋다는 이야기가 있다. 사실은 옛날이나 요즘이나 사람들은 똑똑한 사람보다 편안한 사람을 좋아한다. 곁에 앉아 있으면 어쩐지 마음이 평안하고 떠나기가 아쉽다면 얼마나 덕이 넘치는 사람일까? 더러 좋은 성품을 타고나기도 하겠지만, 후천적인 수양을 통해서도 덕성을 갖출 수 있을 것이다. 공자는 이 점을 말한 것이다. 정성스런 수양으로 만나 상대하는 사람들이 평안한 마음이 들게 하는 인품을 갖춘 이라면 군자라 할 수 있다는 것. 말은 쉽지만 어려운 기준이요 주문이다. 현대 심리학과 경영학에서도 배려, 공감, 경청, 감동을 말하지만, 그 요지는 사람을 편안하게 하라는 '안인安人'에 다 들어 있다.

그러나 자로는 여기서 한 걸음 더 나간다. 아니, 그것뿐입니까? 군자의 도리는 그것이면 다 되는 것입니까? 수기안인을 완전하게 하는 것도 공자가 보기에 자로에게는 벅찬 일이다. 아니 어떤 인간에게도 어려운 과제다. 그런데 그것뿐이냐니까 공자도 어이가 없었으리라. 평소 자로의 성품을 잘 알고 있던 그는 나무라지 않고 "그다음은 자신을 수양하여 만백성을 편안하게 해주는 것인데, 이것은 저 성군이라는 요순까지도 힘들어하신 것이다"라고, 이젠 그만 물으라고 못 박았다.

흔히 유교 또는 성리학을 일언이폐지하여 '수기치인修己治人의 도'라고 한다. 그러나 공자와 자로의 대화에서 볼 수 있듯 유교는 '수기안인修己安人의 도'이기도 하다. 즉 안으로는 자기를 수양하고 바깥으로는 사람들과 더

음악, 마음을 다스리다

불어 살아가는 방법의 가르침이요 지혜다. 개인 차원으로는 수기안인의 도요, 치국 차원으로는 수기치인의 도로 볼 수 있다.

수기안인이든 수기치인이든 기본은 수기修己요 수신修身이다. 수신의 근거와 원리는 무엇인가? 그리고 어떻게 수양하며 어떻게 지혜를 기르는가? 공부의 방해물과 장애물은 어떻게 돌파하는가? 어떤 경지에 이르면 수양이 잘되었다고 말할 수 있는가? 수양 또는 수신이란 마음을 닦는 것인데, 사람의 마음은 과연 어떤 것인가? 후천적으로 어느 정도 바뀔 수 있을까? 지혜로운 마음과 덕스러운 마음이야말로 훌륭한 것인데, 지혜로움과 덕스러움은 양립할 수 있는가? 지혜는 어떻게 밝아지며 덕은 어떻게 두터워지는가? 이처럼 수신의 원리와 방법론에 있어서 많은 의문과 해결책이 나올 수 있다.

마찬가지로 사람을 편안하게 해주고 다스리는 것도 많은 의문과 해법이 있다. 사람은 과연 무엇이며 다스린다는 것은 또 무엇인가? 사람을 다스리는 것과 사람을 편안하게 하는 것은 어떤 차이가 있는가? 어느 정도의 인격을 갖춰야 주위 사람을 감화시킬 수 있을까? 가르침과 사랑은 어떤 관계일까? 가정을 경영하는 것과 조직을 다스리는 것은 같은 일일까? 인간이란 사회적 동물이라 할진대, 가정은 무엇이며 사회는 무엇이고 국가는 과연 무엇인가? 자신을 다스리는 일과 사람을 다스리는 일은 그 원리가 같은가 다른가? 가장 가까운 사람을 대하여 선도하는 것과 어쩌면 추상적이기도 한 천하의 수많은 인류를 상대하는 일이 같은 원리로 이뤄질 수 있는가? 치국을 잘하는 어떤 원리와 비결이 있을까?

이런 문제는 유교뿐만 아니라 동서고금의 수많은 사상·철학·종교에서

다뤄져왔고 무수한 답변이 존재한다. 그 가운데 어떤 사상은 힘을 얻어 인류사에 커다란 영향을 미쳤고 어떤 사상은 실효성이 없거나 논리가 부족해 당대에 그 명을 다했다. 유교가 여타 사상과 다른 점은 무척이나 평범한 보편적인 전제와 관계에서 그 철학 체계가 출발한다는 것이다. 사람은 혼자 살 수 없고 무리를 이루어 살아간다. 부부가 있고 부모, 자식이 있으며 형제자매가 있고 가족이 생긴다. 가족이 모여 마을을 이루고 사회를 형성한다. 사회에는 벗이 있고 스승과 제자의 관계를 만들며 경쟁자와 협조자가 생기고 수많은 조직이 생겨난다. 이 사회와 사회가 중첩해 국가가 태어난다. 그리고 이 세상은 많은 국가로 구성되어 있다. 작은 조직에서부터 그러했지만 특히 국가가 되면 지배 계급과 피지배 계급, 즉 군신 관계가 생겨난다. 이처럼 사회의 수많은 관계망에서 가장 기본 단위는 부부 관계, 부모와 자녀 관계, 형제자매와 붕우 관계 그리고 군신 관계, 즉 조직의 상하 관계다. 이 다섯 가지 기본 틀에서 수많은 관계를 풀어나갈 수 있다. 유교의 가르침은 이들 인간관계에서 시작되고 마친다 해도 지나치지 않다.

천하 만인이 공감하고 수긍하는 큰 규범이 다섯인데 '군신·부자·부부·형제·붕우 사이의 올바른 관계'라고 『중용』은 규정한다. 이를 오달도五達道라 한다. 이 다섯 인간관계가 원만하고 제대로 이뤄지면, 사회는 화창해지며 조화·회통된다. 그런데 그것이 가능하려면 개인에게 세 가지 덕목이 필요하다. 바로 지智·인仁·용勇이다. 사물의 이치를 관통하는 지혜와 만인을 포용하는 덕성, 불의를 꾸짖을 수 있는 용기인 지·인·용을 『중용』에서는 '삼달덕三達德'이라 부른다. 삼달덕은 군신·부자·부부·형제·붕우 관계를 편안하고 효율성 있게 영위하도록 하는 핵심 도구다.

음악, 마음을 다스리다

이처럼 수신을 강조하는 유학의 가르침에서, 인간이 갖출 미덕의 구체적인 내용을 지·인·용 셋으로 압축하고, 호학好學·역행力行·지치知恥를 지·인·용의 기본자세로 규정했다. 그런데 여기서 더 나아가 삼달덕과 오달도를 제대로 실현할 수 있도록 하는 것이 하나 있으니 그것은 바로 '성誠'이라고 『중용』은 말한다.[4] 성誠은 곧 정성이요 참됨이다. 덕성을 함양하고 인간관계를 잘해나가는 데 필요한 가장 기본적인 마음씨는 정성과 참됨의 성誠이라는 것이다. '성'은 인간의 모든 일을 잘해나갈 수 있도록 하는 원동력이요 핵심이다.

유교와 예악

사람의 마음은 잠시도 멈추지 않고 출렁거리며 여기저기 옮겨다닌다. 오죽하면 '사람의 마음은 원숭이 같고 사람의 뜻은 말과 같다心猿意馬'는 이야기가 있겠는가? 그래서 거친 마음의 물결이 넘쳐나지 않도록 제방을 쌓아두어야 한다. 마음이라는 물을 일정하게 제어하는 제방을 '예禮'라고 한다. '예'는 마음의 제방이요 일상생활의 안전판이다. 헤엄을 잘 치기 위해서도 일정한 자세와 운동의 요령을 지켜야 하지만, 일단 물에 빠지지 않기 위해서도 기본적으로 지켜야 할 자세와 요령이 있다. 이처럼 예는 사람들이 병들거나 상처받거나 좌절하지 않게 하는 안전판 역할을 한다. 일상이나 사회생활에서 예절을 모르는 사람은 인생의 좌절을 맛볼 수도 있다. 반대로 예는 '아름다움의 모듬嘉之會'이므로,[5] 몸가짐을 올바르게 하는 사람은 시간이 흐르면 사랑과 인정을 받고 사회적으로도 성공할 수 있다.

이처럼 '예禮'는 행위의 모범 양식이며 사회생활에 있어서 성공 비결이

克復傳顏
顏淵問仁子曰克己
復禮爲仁一日克己
復禮天下歸仁焉爲
仁由己而由人乎哉
顏淵曰請問其目子
曰非禮勿視非禮勿
聽非禮勿言非禮勿
動顏淵曰回雖不敏
請事斯語矣

「극복전안克復傳顏」(극기복례의 도리를 안회에게 전하다), 종이에 담채, 33×54cm, 1742, 국립중앙박물관.
공자는 자기를 극복함으로써 예에 복귀하는 극기복례를 인仁이라고 했다.

된다. 예를 들어 어떤 스포츠를 배울 때 전문가가 가르치는 자세를 따라야 좋은 효과를 얻을 수 있다. 서예에서도 기본적인 서법을 꾸준히 익혀야 훌륭한 글씨를 쓸 수 있다. 마찬가지로 인생의 행로에서 위태롭지 않고 반듯하게 처신하며 조화로운 가정생활과 사회생활을 영위하려면 당연히 그 행의의 준칙인 예를 배우고 행하는 것이 좋다. 부자, 부부, 군신, 붕우들과 좋은 관계를 유지하려면 서로 예의를 지키는 것이 가장 좋으며, 국가·사회를 평화롭고 아름답게 만들려면 역시 국가·사회의 예를 존중하는 태도가 필요하다. 예는 관습과 법률과 같은 사회규범에 속하나, 인간 본성에서 말미암은 윤리성에 바탕하므로 어떤 종족이나 집단의 인습이 누적되어 규범화한 관습과 다르며 최소한의 도덕률을 국가 권력을 통해 강제하는 법률과도 다르다.

그러나 지나친 예의 존중과 강조는 인간의 욕구를 억제한 나머지 자율과 창의성을 빼앗을 수 있다. 엄격한 예의 강요는 인간관계를 딱딱하게 하며 사랑이 피어날 수 없는 환경을 만든다. 군자의 도는 수기이경—수기안인—수기치인으로 확장된다고 볼 수 있으므로 치인·치국보다는 안인·애인愛人이 앞서는 덕목이며 앞서야 할 일이다. 근엄하고 딱딱한 분위기는 사람을 편안하게 해주기에 충분치 못하다. 그러려면 명랑한 표정과 대화, 유머와 배려 등이 있어야 하는데, 이것들은 인간 심성에서 우러나오는 인격의 향기와 정감에 달려 있어 누구나 갖출 수 있는 성질의 것이 아니다. 그런데 아주 쉽게 이러한 성품을 기를 수 있고 인격적으로는 부족하더라도 당장의 분위기는 아주 밝게 할 수 있는 것이 바로 음악이다.

인간의 욕구를 제한하고 억제하는 것이 예절의 핵심이라면, 어차피 감

음악, 마음을 다스리다

정을 일으키되 그 감정의 발산을 아름답고 평안하게 하자는 것이 음악의 기능이요 음악 교육의 취지다. 다시 말해 마음을 경건하고 엄숙하게 가져 감정의 발동을 억제해 몸의 동작을 제어하는 것이 예의 정신이며 마음을 평안하게 갖고 자연스럽게 감정을 발산하되 그 정서를 아름답고 우아하며 깊고 유유하게 작동시키는 것이 음악의 본질이다. 즉 예는 몸을 다스리고 악樂은 마음을 다스린다고도 할 수 있다.

동양 고전에서는 음악을 주로 '악樂'이라고 일컫는다. 이 '악'에는 시와 노래와 춤이 함께 들어가 있다. 악기로 연주하는 기악도 물론 포함된다. 시는 사람의 생각이나 감정을 아름다운 언어로 표현하는 것이요 노래는 이 시를 길게 부르며 가락을 붙인 것이다. 춤은 노래에 맞춰 손과 발이 흥을 내어 율동하는 것이다. 그리고 이들이 좀더 강력하고 멋스럽게 표현되도록 도와주는 것이 악기다. 악을 구성하는 시와 노래와 춤과 기악 연주의 공통점은 '즐겁다'는 것이다. 악은 즐거우므로 누구나 흥미를 느끼며 좋아하고 따른다. 계속해서 반복할 수도 있고 오래 해도 지루하지 않다. 그러는 가운데 언어가 순화되고 혈맥이 소통하며 힘줄이 단련되고 기운이 생동한다. 더구나 혼자서 즐기는 것보다 여럿이 즐기는 것이 훨씬 좋은 까닭에 주위와 동화하고 모르는 사람들과 화합할 수 있다. 그러므로 예절이 주는 긴장감을 해소해주며 엄숙함을 부드럽게 할 수 있다. 다만 악樂만을 추구한다면 지나치게 흥에 빠질 수 있고 예의가 무너질 우려가 크다. 예를 모르고 예를 지키지 않는 악은 치우침과 방종을 수반한다. 감정의 표현을 극단에 흐르게 하고 조화로운 질서를 허물어뜨린다. 이처럼 예와 악은 함께 닦여 서로 보완되어야 한다.

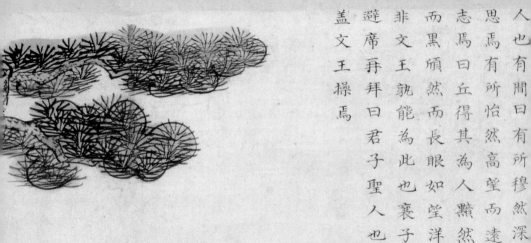

人也有間曰有所穆然深
思焉有所怡然高望而遠
志焉曰立得其為人黯然
而黑頎然而長眼如望洋
非文王孰能為此也襄子
避席再拜曰君子聖人也
蓋文王操焉

「학금사양」(사양에게 금琴을 배우다), 종이에 엷은색, 33.0×54.0cm, 1742, 성균관대박물관.

예와 악은 표리의 관계요 손바닥과 손등의 사이다. 예는 땅을 본받고 악은 하늘을 닮았다고 한다. 예의 덕은 경敬이요 악의 덕은 화和다. 예식禮式이 있는 곳에 음악이 있고 음악이 연주되는 자리에 예절이 있다. 유교는 바로 예악으로 몸을 닦고 나라를 다스리라는 가르침이요 학문이다. 이처럼 예와 악은 인간에게 필요하며 함께 배우고 익혀야 하고 둘을 병행해서 사용하는 것이 개인적으로나 사회적 차원에서 효율성을 높인다. 예와 악은 그 목표는 같으나, 기능이 다르며 보완관계다. 예와 악은 수신에서도 필요하고 안인과 치인에서도 필요하다. 예악은 수신과 치인을 가능케 하는 양손이며 두 날개다.

음악의 힘

중국 춘추시대의 일이다. 지금의 산둥 성에 있었던 제齊나라에 이공釐公이란 임금이 있었는데 세자인 제아諸兒가 매우 방탕했다. 제 이공이 돌아가고 제아가 임금이 되자(제 양공이 됨), 제아의 두 동생은 장차 나라가 어지러워질 것을 염려해 모두 다른 나라로 피신했다. 그 가운데 형인 공자 규糾는 스승인 소홀召忽, 관이오管夷吾와 함께 큰 나라에 속하는 노나라로 가고 동생인 공자 소백小白은 역시 그의 스승인 포숙鮑叔과 함께 작지만 가까운 거나라로 망명했다. 과연 제 양공은 이웃 노나라의 임금인 노 환공의 부인 문강文姜이 친정인 제나라로 왔을 때,[6] 궁중으로 불러들여 불륜을 저질렀고 이에 격노한 노 환공을 살해하기까지 하는 패륜을 저질렀다. 그러다가 마침내 군대의 반란으로 양공은 피살되고 혼란이 일어나 임금 자리가 비었다. 이때 제 이공의 셋째 아들이자 포숙이 가르치며 모시던 공자 소백이 먼저 들어와 군위에 올랐으니, 곧 춘추오패[7] 가운데 첫 번째이자 역사상 가장 유명한 제 환공桓公이다. 그런데 이공의 둘째 아들이며 환공의 이복형인 공자 규는 소홀·관이오와 함께 노나라에 있었으므로 비록 형님이지만, 환공으로서는 우환이었다(일설에는 공자 소백이 형이라고 한다). 이에 제나라는 노나라에 공자 규의 처리를 주문했고 비정한 노나라는 제나라의 청에 따라 공자 규를 죽였다. 이때 규를 모시던 소홀도 따라 죽었으나, 관이오는 죽지 않고 때를 기다렸다.[8]

이보다 먼저, 관이오는 공자 규를 위해 노나라 군사를 거느리고 공자 소백, 곧 훗날의 제 환공의 귀국길을 막고 활을 쏘았다. 이 화살은 환공의 혁대 갈고리를 맞췄으나, 환공은 임기응변으로 죽은 체하며 쓰러져 위기를 넘긴 적이 있었다. 군위에 오른 환공은 이 원수를 갚고자 관이오를 죽이고 싶어했다. 그러나 포숙은 관이오야말로 제나라를 천하제일의 강국으로 만들 수 있는 기재奇才라는 점을 강조해 그의 사면은 물론 재상 등용을 적극 건의했다. 환공은 포숙의 간곡한 건의를 받아들여 구원舊怨을 잊고 관이오를 불러들였는데, 자신의 혁대를 쏜 원수라는 점을 강조해 꼭 직접 죽이고 싶으니 산채로 압송시켜달라고 노나라에 요구했다. 관이오는 함거에 실려 제나라로 끌려가면서 자신이 귀국하면 처벌받지 않고 포숙의 도움으로 오히려 등용될 것이라 짐작했다. 또 노나라에서는 반드시 후회하여 자신을 바로 추격할 것이라 내다보고 수레를 재촉했다. 이때 수레 모는 일꾼들에게 행진곡을 지어 부르게 했다. 즐거이 노래를 부르다보니, 일꾼들이 피로를 잊고 제나라 국경에 빨리 이르러 아슬아슬하게 노나라 병사의 추격을 벗어났다. 환공은 포숙의 건의에 따라 관이오를 재상으로 등용했고 존

음악, 마음을 다스리다

경의 뜻을 담아 중부仲父라 불렀으니, 그가 바로 청사靑史에 유명한 관중管仲이다. 관중과 포숙의 우정은 '관포지교管鮑之交'로도 널리 알려져 있다. 관중은 환공을 보좌하여 '구합제후九合諸侯·일광천하一匡天下', 즉 아홉 번 제후들을 소집하는 큰 국제대회를 치르면서 한 번 중원 천하를 안정시켰다. 그는 쇠약한 주나라를 받들어 높이고 약한 나라를 구제하며 어지러운 나라를 구원하는 등 패업을 이루어 당대 천하의 질서를 바로잡고 춘추시대의 서막을 빛냈다. 관중이 급히 노나라를 벗어나는 장면을 『동주열국지東周列國志』에서는 다음과 같이 기록하고 있다.[9]

관중이 '황곡黃鵠'이란 노래를 지어 수레꾼들에게 부르게 했다.

누런 고니야 누런 고니야! 날개가 접히고 발이 매였구나
날지도 않고 울지도 않으며 조롱 속에 엎드렸네
높은 하늘 아래 어찌 구부려 있으며
두터운 땅 위에 살금살금 걷고만 있느냐?

양기가 너무 성한 액운을 만났구나
하루아침에 조롱을 깨고 나옴이여
거리를 날아올라 넓은 땅으로 가는구나!
한심하다 저 화살 든 사람
헛되이 구경하며 맴돌기만 하는구나!

누런 고니, 곧 황곡은 관중 자신을 비유한 말이다. 수레꾼들이 이 가사를 얻어 노래하는 즐거움에 피로를 잊고 수레를 달리고 말도 분주해, 이틀 걸리는 길을 하루에 돌파하여 마침내 노나라 경계를 벗어났다. 노나라 장공이 과연 후회하여 공자 언을 시켜 추격했으나, 미치지 못하고 돌아갔다. 관이오는 하늘을 우러러 "나는 오늘 다시 살아났다!"고 탄식했다.

관중은 뒷날 연나라를 침범한 산융山戎을 공격할 때도, 험악한 산악을 오르고 내리면서 '상산가上山歌'와 '하산가下山歌'를 지어 군사들로 하여금 노래 부르며 행군하게 하여 목적을 이루는 데 큰 도움을 받은 바 있다. 험준한 벼랑을 노래 부르며 피곤한 줄 모르고 씩씩하게 오르내리는 대군大軍의 행렬을 바라보며, 환공은 "오늘에야 비로소 사람의 힘은 노래를 부르면 얻어진다人的力量是可以從歌聲中得到는 사실을 알았도다"라며 감탄했다.[10]

이처럼 노래는 군대의 사기를 올리고 피로를 잊게 하며 혈맥을 강화시키는 효과가 있다. 실제로 세상의 모든 군대에 군악이 없는 곳은 없으리라. 행진곡은 유럽에서 여러 전쟁에 등장했고, 특히 미국의 존 필립 수자John Philip Sousa에 이르러 관악 중심의 명곡이 많이 나왔다. 유방과 항우가 천하를 다투는 대결전을 장식하는 해하의 전투에서, 유방은 장자방의 계책에 따라 해하성에서 대항하는 초나라 군사를 향해 초나라의 노래를 피리로 들려준다. 이 피리 가락을 듣고 초나라 군대는 사기가 저하되고 고향 생각이 나서 전의를 잃는다. 이 유명한 '사면초가四面楚歌'의 고사는 후일 「패왕별희」라는 경극의 소재가 되는데, 음악의 기능과 힘을 보여주는 또 하나의 사례다.

세계 어느 나라나 비슷하겠지만, 특히 우리나라는 농요와 베틀노래, 뱃

노래 같은 노동요가 발달했다. 논매기 노래, 모내기 마치고 나오며 부르는 소리 등 농민들이 힘들고 바쁜 일손으로부터 피로를 잊고 능률을 올리기 위해 부르는 농요는 들노래라고도 하는데, 농촌 마을마다 특색 있고 구성지면서도 우리 호흡에 맞게 되어 있어 일의 피로를 덜어주며 기운을 차리게 한다.

남녀 간의 사랑에도 음악은 필수다. 「패왕별희」의 주제인 우미인虞美人과 작별하는 항우의 애달픈 심정이 '우미인가虞美人歌'라는 노래로 표현되었거니와, 사랑을 고백하는 세레나데, 이별가, 그리운 님을 그리는 사모곡, 연가 등 남녀상열지사는 언제나 가락에 실렸다. 또한 고구려의 노래로 전해오는 '황조가', 신라 노인의 열정이 담긴 '헌화가', 현존하는 고조선의 노래인 '공무도하가'도 남녀 간의 정을 하소연하는 음악이다. 백제의 '정읍사'는 남편을 걱정하는 아내의 착한 마음을 담았고, 당악唐樂에서 유래한 '낙양춘洛陽春'에도 오지 않는 님을 기다리는 연정이 가득하다. 물론 이러한 노래에는 당연히 가사와 가락이 있는데 오늘날 노랫가락은 거의 전해지지 않고 가사만 남겨져 문학 영역에서 다루고 있지만 원래는 노래, 즉 음악으로 봐야 한다. 이야기가 미리 앞서나갔지만, 근원을 따지자면 노래 가사와 가락은 동일체다. 그러므로 문학과 음악은 그 뿌리가 같다. 거기다 노래는 춤을 일으키니 문학과 음악 그리고 무용은 한줄기에서 나온 다른 꽃들이다.

음악은 마음의 평화와 인격을 닦는 데도 큰 위력을 떨친다. 고요하고 느린 음악은 사람의 마음을 편안하게 하며 안정감을 준다. 맑고 아름다운 선율은 사람의 착한 본성을 일깨운다. 예를 들어 바흐의 'G선상의 아리아'

를 듣는 이는 그 누구라도 편안한 마음을 되찾는다. 바다르체프스카의 '소녀의 기도'의 피아노 선율은 사람을 순수하고 착하게 이끄는 힘이 있다. 이 작은 피아노 독주곡은 얼마나 많은 소년 소녀의 마음을 아름답고 착하게 했을까? 필자는 6·25전쟁의 피란 열차에서 어느 청년이 돌린 축음기로부터 흘러 나오는 'G선상의 아리아'를 모든 피란민이 숙연하게 들었고 한 노인이 한 번 더 들려달라고 정중히 요청했다는 이야기가 실린 중학교 교과서 내용이 이따금 떠오른다. 그 당시 피란 열차 안의 분위기가 과연 어떠했을까? 영화 '쇼생크 탈출'에서 음악을 들을 기회가 거의 없는 수감자들에게 주인공이 잠깐 들려준 음악, '산들바람의 노래'(「피가로의 결혼」의 아리아)는 그들의 영혼을 흔들어 깨웠고, 평화와 자유에의 향수를 느끼게 했다. 전 세계를 풍미한 음악영화의 고전, 「사운드 오브 뮤직」. 장려한 알프스와 잘츠부르크의 아름다운 풍경과 함께 펼쳐지는 이 목가적인 영화에 남녀 주인공들이 부르는 '에델바이스'와 '도레미 송'은 어린 꿈과 정서를 얼마나 자극했던가!

동서고금을 막론하고 음악은 사람을 기쁘게도, 슬프게도 한다. 아무래도 음악에도 착한 음악과 착하지 않은 음악이 있는 듯하다. 필자 세대는 1960~1970년대 학교생활에서 건전 가요, 학생애창곡, 명곡 등 학교에서 가르치는 좋은 음악을 듣고 즐기라고 교육받았다. 이처럼 실제로는 유행하는 가요나 팝송 같은 것이 흥미를 끌고 재미가 있었지만, 학교에서는 클래식과 현대 가곡을 가르쳐주었다. 그러나 학교를 나서면 유행가와 팝, 학교에서는 명곡. 이처럼 음악 교육과 실생활은 별개의 세계였다. 클래식은 지루하고 딱딱하다. 그러나 듣고 또 들으면 언젠가 유행가에서 느끼지 못했던 깊은 감동과 기쁨을 느낄 수 있다. 현대 심리학자인 매슬로Abraham H. Maslow는 인간 욕구의 단계설[11]을 주장하면서 욕구 충족의 단계가 올라갈수록 누리는 충족감의 정도는 산술적으로 높아지는 게 아니라, 그 아랫단계의 욕구 충족이 가져다주는 기쁨을 기하급수적으로 초과한다고 했는데, 음악에서 오는 희열감도 그렇지 않을까? 이른바 격이 높은 음악을 감상하거나 연주할 때 얻는 만족감은 그렇지 않은 단계의 음악을 감상하거나 연주하여 얻는 희열보다 훨씬 더 크지 않겠는가?

동양의 현인들과 음악에 관한 이야기는 제법 많이 전해 내려온다. 고구려의 재상이던 왕산악王山岳이 거문고를 타자 검은 학들이 나타나 춤을 추었다는 전설이 가장 고전에 속하고, 우륵于勒이 스스로 가야금 신곡 열두 가락을 짓고 자족했는데, 진흥왕이 보내 각기 가야금·노래·춤을 가르쳐준 제자들, 계고階古와 법지法知, 만덕萬德 세 사람이 스승인 우륵의 음악이 번잡하며 바르지 못하다고 다섯 곡으로 편곡하니, 우륵이 매우 노했다. 그러나 그 가락을 듣고 나서는 "즐거우면서 음란하지 않고, 슬프면서도 비통하지 않으니 가히 아정雅正하다 하겠다.[12] 임금 앞에서 연주하라"라고 눈물을 흘리며 인정했다는 이야기도 대단하다. 제자가 멋대로 고친 음악을 자신이 작곡한 음악보다 더욱 우수하다고 평가해주는 스승이 과연 어디 있으랴? 신라의 현인이었던 옥보고와 귀금은 거문고의 명인이었고 충담사와 월명사는 향가의 달인이었다. 이들은 모두 고매하고 깊은 음악의 경지를 터득했으리라. 세종이 뛰어난 음악성을 지녔다는 사실은 이미 널리 알려진 내용이고, 맹사성의 경지도 보통이 아니었다.

그러나 역사적인 문헌을 살펴보면 음악의 진정한 고수는 중국에서 다

수 등장한다. 그 많은 대가 가운데서 순 임금과 계찰季札, 사광師曠, 공자가 가장 유명하다. 음악 교육을 맡은 기夔에게 음악의 원리와 공효에 관하여 술술 들려주는 순 임금은 거의 악성樂聖의 모습이다. 춘추시대 오나라의 공자公子 계찰이 노나라에 출장 와서 당대의 음악들을 차례대로 들으며 일일이 평가하는 장면이 『춘추春秋』「계찰관주악季札觀周樂」에 기록되어 있는데 그 지음知音의 경지는 그야말로 고금에 독보적이다. 음악을 위해 스스로 눈을 찔러 장님이 되고 악공樂功을 쌓은 사광의 금슬 연주는 천지의 기운을 변화시킬 수 있었으며 그 음악만 듣고 작곡자의 뜻을 알고 성격을 알고 마침내 역사상 누구라는 것까지 알아낸 공자의 음악 이해의 경지는 깊고도 깊었다.

음악, 마음을 다스리다

2.
수신의 악

"음악으로 중화에 도달해 인仁을 얻는다."

유교의 음악관

앞서 살펴보았듯 유교에서는 인간의 수양과 치국의 방편으로서 예절과 더불어 음악을 매우 중시한다. 유교에서 보는 음악은 원래 시와 뿌리가 같고 무용이 포함되는 개념이었다. 유교의 음악 이론과 실제는 『악경樂經』이란 경전에 실려 있었다고 보는데, 이 책은 없어져 전하지 않고 유교의 오경五經 가운데 하나인 『예기禮記』「악기樂記」에 음악이란 무엇인가 하는 유교의 음악관이 전개되어 있다. 따라서 『예기』「악기」 편이야말로 가장 오래되고 깊은 철학이 담긴 동양의 음악 이론이라 할 수 있다. 여기서는 다음과 같이 시와 노래와 무용의 바탕이 같다는 점을 이야기하고 있다.

시는 그 뜻을 말하는 것이다 　　　　　詩言其志也

노래는 그 소리를 읊조리는 것이다 　　歌詠其聲也

춤은 그 모양을 움직이는 것이다 　　　舞動其容也

『예기』, 31.5×21cm.

이 세 가지는 마음에 근본하는데	三者本於心
그런 뒤에야 악기들이 따른다	然後樂器從之
이런 까닭으로 감정이 깊어야 문채가 밝고	是故情深而文明
기운이 성해야 조화가 신묘하여	氣盛而化神
화순함이 가운데 쌓이고 영화가 밖에서 피어난다	和順積中而英華發外

나중에는 모두 분화되어 발달했지만, 이처럼 음악, 문학, 무용은 근원을 함께하는 예술로서 태동했는데, 음악이 그중에서도 가장 원초적이며 포괄적이라 여겨진다. 음악을 논하는 「악기」에 시와 무용이 언급되는 것이 그 증좌다. 「악기」에서 음악은 예절과 짝을 이루는 존재로 화和를 본질로 하는 문화작용으로 다뤄진다. 화和란 화평, 화합, 화목, 유화, 평화, 평안, 조화를 말하는데 작게는 마음의 평안, 사람들 사이의 화합, 나아가서 한 나라와 세계의 평화, 우주의 조화를 말한다. 「악기」의 표현으로 '대악大樂'은 '천지지화天地之和'다. 하늘과 땅이 모두 평안하고 하늘과 땅 사이가 크게 화창함, 이것이 진정한 악樂이요 '큰 음악大樂'이라는 것이다. 그런데 천지가 크게 화평한 상태를 중화中和라고도 할 수 있다. 『중용』에서는 "중화를 지극히 하면 천지가 자리를 잡고 만물이 자란다"고 했다. 여기서 유명한 『중용』의 명제가 떠오른다.

희로애락이 나타나지 않는 상태를 중中이라 하고	喜怒哀樂之未發謂之中
나타나 모두 절도에 맞는 것을 화和라고 한다	發而皆中節謂之和
중이라는 것은 천하의 대본이고	中也者天下之大本也

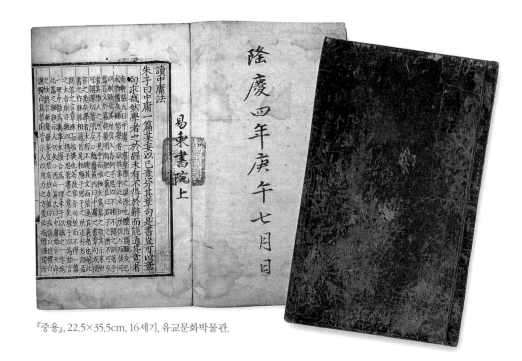

讀中庸法

朱子曰中庸一篇某妄以己意分其章句是書豈可以
句求哉然學者之於經未有不得於辭而能通其意者

讀之一過問書言可者篇之大綱中者之作是誰惟此一
獨也白為篇絕蓋性細紀言相者明所於群書理大旨言
苟非亦章銘著中萬世不敢發有○見明切人宜各苟此
以立處理而通未矣不妨再亦思苟其是也相其尚旨書
力炒也書使之而方切皆是而君之於文代義思汲淵用以高為
之失變理所切以程析所其書以次君之子丁曰大以所為
方必或我以戒惧愼所始一維得若也句示不訓而類天字綱
懼始以戒愼謹識一篇言篇教之關從成家可著後成
而白命為盍玉以誨言豈若也何世子子可已

易東書院上

隆慶四年庚午七月日

『중용』, 22.5×35.5cm, 16세기, 유교문화박물관.

孔子觀於魯桓公之廟有敧
器焉孔子問於守廟者曰此何器
對曰此蓋為宥坐之器孔子
曰吾聞宥坐之器虛則敧
則正滿則覆明君以為
至誡故常置之於坐側顧謂弟子
曰注水焉弟子挹水而注之
中則正滿則覆虛則敧孔子
喟然而歎曰吁惡有滿而不覆者哉子
路進曰敢問持滿有道乎子曰聰明睿智
守之以愚功被天下守之以讓勇力振世守
之以怯富有四海守之以謙此所謂挹而損之
之道也

「공자관기기도孔子觀敧器圖」, 비단에 채색, 99.5×59.0cm, 15세기, 유교문화박물관.
공자가 '기기'를 보고 있는 모습을 그린 상상도. 기기는 비면 기울고 차면 쏟아지며 적
당량이 담겨야 비로소 바로 서는 기물로, 예부터 중용의 이치를 상징하는 것으로 여겨
저왔다.

화라는 것은 천하의 달도이니　　　　　　　　　　　和也者天下之達道也

중화를 극치에 이르게 하면　　　　　　　　　　　　　　　致中和

천지가 자리잡히며 만물이 길러진다　　　　　　　天地位焉萬物育焉

　이 유명한 구절에서 중화의 의미와 가치 및 공효를 정의하고 칭송했다. 유가의 『중용』에서는 중中과 화和 또는 중화를 극찬하는데, 이 중화의 경지가 바로 동양 음악이 지향하는 최고의 경지와 거의 같을 것이다. 위 글에서 중中이라는 것은 그냥 좌우 가운데, 안팎 가운데라는 의미 정도가 아니며 매우 중요하고 심오한 상태다. 희로애락이 아직 발하지 않은 상태, 기쁘고 성나고 슬프고 즐거운 감정이 일어나지 않은 고요하고 평안한 마음 상태를 가리킨다. 중의 경지는 무념무심에서의 적적고요한 마음의 평정平靜을 표현하는 듯한데, 이것이 바로 『주역』에서 말하는 적연부동寂然不動의 경지이리라. 사실 이 중의 상태로 들어가는 것은 말로는 쉬우나 실제로는 무척 어렵다. 여기에 몰입하기 위해 사람들은 정좌관심正坐觀心도 하고 명상수행도 한다. 만일 중의 경지에 머무는 것을 거중居中이라고 표현한다면, 거중의 상태는 참으로 평화로울 것이다. 바람 한 점 불지 않고 물결 하나 일어나지 않는 호수와 같으리라. 소강절이 「청야음淸夜吟」에서 "달이 하늘 중심에 이른 곳. 바람이 물결 위에 이를 때, 일반의 맑은 의미를 아는 이 적으리라"[13]라고 읊고 있는데, 이 시의 대상은 거중의 상태에서 바라보는 호수라 할 것이다.

　거중이 가능하면 사물에 응하여 감정이 일어나더라도 중에 맞게 발생한다. 이것이 '발이개중절發而皆中節'이다. 감정이 일어나되 중에 맞는다! 그

음악, 마음을 다스리다

리고 이때의 마음 상태를 "화和라고 한다"는 것이다. 중도 어렵지만 화 역시 몹시 어려운 경지다. 기쁜 일에 기뻐하고 슬픈 일에 슬퍼하되, 마음자리의 근본은 부동심하는 중의 위치에 터하여 감정이 발하더라도 적절히 조화를 띤다. 지나치게 기뻐하거나 슬퍼하지 않는다는 말이니, 얼마나 행하기 어려운가. 즐거우면 더욱 취하고 슬퍼도 치우치기 십상이다. 절제와 적당한 만족은 실상 어렵다. 그런 까닭에 밤늦게까지 술 마시고 게임에 몰입한다. 하루 울고 넘어갈 일을 며칠이나 울어 심신이 쇠약해진다. 조금 나무라면 될 일을 얼굴을 붉히며 꾸짖고 화를 다스리지 못해 더욱 화를 낸다. 예쁜 꽃을 보고 기뻐할 때나 아름다운 음악을 듣고 지나치게 빠져들거나 어떤 경우든 집착이 일어나서는 안 된다는 주문이 중화中和의 교훈이다. 미술가는 미술에 취하고 음악가는 음악에 치우치며 시인은 시에 빠진다. 그러나 이런 현상은 중화의 도리가 아니다.

공자가 공명가公明賈란 이에게 위나라 공숙公叔인 문자文子의 인품을 물은 적이 있다.

공자가 공명가에게 공숙문자公叔文子를 물으셨다.
"공숙문자, 그분은 말씀도 하지 않고, 웃지도 않으시고, 물건을 취하지 않는다는데 그게 참말입니까?
공명가가 대답했다. "말을 전한 사람이 잘못 전한 것입니다. 그분은 때가 된 다음에야 말하니 사람들이 그 말을 싫어하지 않고, 마땅히 즐거운 뒤에나 웃으시기 때문에 사람들이 그 웃음을 싫어하지 않습니다. 의義에 합당한 물건인 연후에야 취하시기 때문에 사람들이 그 취함을 싫어하지 않습니다."[14]

공자가 말했다.

"그럴까요. 과연 그럴 수 있을까요?"

위나라의 현신인 공숙문자의 정신적 경지를 듣고 공자가 그의 문인門人에게 "과연 그러한가? 과연 그 정도 수준에 이르렀단 말인가?" 하고 독백하는 장면이다. 이 경지는 중용의 경지이며 감정이 일어나되 중에 맞는 중화의 경지이기에 "과연 그럴 수 있을까?"라며 의심한 듯 보인다.[15] 이처럼 중용이나 중화의 경지는 지극히 높고 깊은 정신적 세계에 노니는 것으로 유교가 가장 이상으로 여기는 상태다.

음악과 중화

중화는 유교가 말하는 인간상의 이상적 경지이며 천지자연이 가장 순리적으로 작동되는 원리다. 하늘과 땅이 제자리에 있고 그 사이에 만물이 번성하는 것은 중화의 공효라 보고, 이것을 『중용』에서는 "중화를 극치에 이르게 하면 천지가 자리잡히며 만물이 길러진다"[16]고 표현했다. 그런데 중화의 상태에 가장 가까운 모습이 훌륭한 음악 연주에서 나타난다. 사람의 소리와 악기 소리가 제각각의 특성을 지니면서 잘 어울리는 데다 덩실덩실 사뿐사뿐 멋있고 우아한 춤과 평화롭고 아늑하며 행복하고 아름다운 가락이 조화되어 펼쳐지는 음악은 바로 천지의 화기和氣 그 자체에 준한다. '발이개중절'이라 했으므로 이 '악가무樂歌舞'가 '희로애락지미발'인 '천하지대본'의 본질을 유지하면서 '온유돈유溫柔敦厚'한 분위기를 연출해야 중화에 가깝게 되리라.

공자가 시를 논하면서 "관저는 즐거우면서도 음란하지 않고, 슬프면서도 마음을 상하지는 않는다關雎 樂而不淫 哀而不傷"고 했는데, 이는 작시作詩와 작곡作曲에 있어서 만세의 표준이 되었다. 불락불애不樂不哀, 곧 즐겁지도 슬프지도 않다면 이는 감정이 없는 상태다. 그러나 '낙이불음 애이불상'이라면 즐거움과 슬픔이 있되, 적절함이 중도를 잃지 않으므로 중화라 할 만하다는 것이다.

「악기」에서는 "큰 음악은 하늘과 땅과 조화를 함께 이루며 큰 예절은 천지와 절도를 함께 이룬다大樂與天地同和, 大禮與天地同節"고 했다. 천지의 질서와 그 조화를 함께함이 위대한 예절이요 음악이라는 뜻이다. 이 정도 되면 『예기』「공자한거」 편에서 말하는 '무성지악無聲之樂'의 경지다. 다소 과장된 표현이라고도 할 수 있지만, 동양의 고악古樂에서 추구하는 가치세계가 얼마나 높은지 웅변해준다.

『주역』에서도 하늘의 성격을 논하면서, 보합태화保合大和라 했다. 대화大和는 태화太和와 같다. 이 태화를 주자는 '음양회합충화지기陰陽會合沖和之氣'라 했는데, 음양이 모여 합하며 화합하는 기운이라 해석했으니, 화평하며 조화로운 기운이 천지에 가득한 상태를 태화라 한다는 말이다. 하늘을 상징하는 건괘의 설명을 살펴보면, "건도乾道의 변화로 말미암아 만물에게 각각 성품과 생명이 부여되고 태화의 원기가 보전되고 융합한다. 그리고 만물에 이롭고 곧은 도리를 이루게 한다. 모든 물건의 머리가 되어 일어나니, 인간 세상의 만국도 모두 평안하게 된다"라고 한다.[17] 이처럼 태화, 즉 거대한 화기和氣는 하늘의 덕상이요 천지의 능력이다. 이것을 음악이 본받

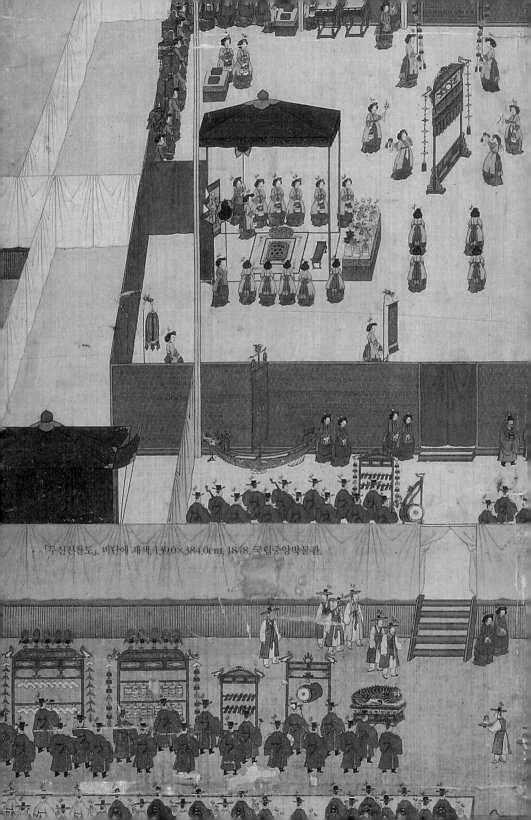

「무신진찬도」, 비단에 채색, 139.0×384.0cm, 1848, 국립중앙박물관.

아 이 인간 세상에 화기가 무엇인지 일깨워준다는 것이다. 음악이 시행되면 남녀노소가 화합하고 모든 사람이 친목을 나누게 된다. 따라서 회합과 잔치에 음악이 없을 수 없다.

천지와 더불어 화기를 함께한다는 음악은 그 목표를 이루기 위해 조화, 평화, 화합을 생명으로 해야 한다. 노래와 악기와 춤의 위대한 조화는 조선조의 종묘제례악이나 연례악宴禮樂에 잘 나타난다. 등가登歌와 헌가軒架, 문무文舞와 무무武舞의 화려하고 장엄한 춤과 노래와 기악의 조화는 인간이 만들어내는 예술의 극치라고까지 표현할 수 있다. 이 장려한 예술을 펼치면서 당대의 태평성세를 기원하고 국가와 인민의 천년만수千年萬壽를 찬

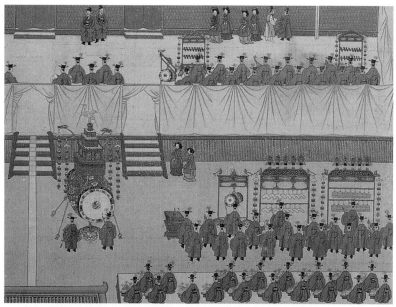

「무신진찬도병」 중 '통명전 진찬', 비단에 채색, 139.0×384.0cm, 1848, 국립중앙박물관. 등가와 헌가의 모습이 나타나 있다.

음악, 마음을 다스리다

송한다. 세종 연간에 이루어진 악무樂舞의 정비와 제정은 요순 이래 유교 정치의 꽃이 피어난 것이며 그 꽃송이의 의미는 바로 중화다.[18] 중화를 지향하는 음악의 특징은 느리되 아름다우며 무게 있되 편안하며 따스하되 깊이가 있고 착하되 씩씩하다.

유학의 유용성과 음악

유학은 '인간의 길', 즉 '인간으로 태어나서 무엇을 목표 삼아 살고 어떻게 세상에 처하며 무엇을 남기고 일생을 마칠 것인가?' 하는 문제에 일정한 해답을 제시한다. 그렇기에 유학이 들어온 뒤 얼마나 많은 사람이 유학적인 삶에서 보람을 느끼면서 안심입명安心立命했는지 모른다. 그래도 '인간의 훌륭한 일생이란 과연 어떠한 것인가?'라는 것을 제시한 유학 또는 유교[19] 덕택에 우리 삶과 풍속이 인간의 본성과 하늘의 이치에 가까이 다가간 사실은 분명하다. 수신과 관련한 유학의 통찰 가운데 주요한 몇 가지를 살펴보면 다음과 같다.

첫째, 인간의 본질이 무엇인가 하는 것을 철학적으로 밝혀주었다. 유학은 인간이란 존재가 천명天命에 의해 태어났고 하늘의 순수하고 신령한 기운을 품부받았다는 것을 강조한다. 인간 본성은 하늘에 말미암아 지순지선至純至善하며 소소영영昭昭靈靈하나, 육신을 가지고 태어나면서 청탁淸濁의 기운이 섞여 들어온다. 육화肉化는 곧 물화物化라 자연히 형기形氣가 섞이니 천리天理의 본성과 형기의 기질이 어울려 인간이 된다.[20] 따라서 사람은 천리의 본성을 회복하는 데 학문의 일차 목표를 두어야 하며 이것을 수신修身이라 한다. 성인이란 인간 본성을 회복한 사람이다. 인생은 하늘의 이치에 순응하여 살아야 하고 이것이 행복한 삶이라 한다. 안회가 한 소쿠리의 밥과 한 표주박의 물로써 가난하게 살았지만, 오히려 천명을 즐기고 안락한 생활을 했음은 인생의 의미를 어디에 두어야 하는가라는 유학의 철학을 극명하게 보여준다.[21] 따라서 죽음도 천리가 소재한 하늘로 돌아가는 것이 이치에 맞는다고 보는 듯하다. 이를 안심입명安心立命이라 하는데, 내생을 생각하지 않는 것은 아니나 천명에 맡기고 평안하게 목숨을 마치는 것을 소중히 여겼다.

둘째, 인생과 학문의 목표를 분명히 해주었다. 인생의 목적은 행복의 추구일 것이다. 유학은 이 행복이 인간의 내면적인 안정과 평화에서 온다고 가르쳤다. 내면의 밝은 덕성을 밝혀 하늘의 성품이 드러나면 부귀빈천에 관계없이 행복한 인생을 누리고 훌륭한 인격자가 되는 것이라 한다. '어진 사람은 걱정이 없다仁者無憂'고 했지만, 훌륭한 인물은 스스로도 평안하고 즐거울 뿐 아니라 많은 사람의 존경을 받는다. 훌륭한 인물을 군자라 하는데, 완전한 인간으로서 지극한 표준이 되는 것은 성인聖人이다. 인간의 완성은 내적으로는 본성을 밝혀 성인이 되는 것이요, 외적으로는 가까운 사람으로부터 천하의 모든 인류에 이르기까지 자신의 성품을 밝히게 도와주며, 이들이 살아가는 가정과 나라와 세계에 평화와 복지가 가득 넘치게 하는 것이다.[22]

셋째, 공부 순서는 입지立志·거경居敬·궁리窮理·독행篤行으로 진행하는 것이 좋다고 한다. 입지는 성인을 목표로 하여 공부함을 말하고, 거경은 일상에 있어 항상 경건한 마음을 지녀야 한다는 것이며, 궁리는 사리나 사물의 이치를 연구·구명하는 것이고, 독행은 배우고 터득한 이치를 독실하

음악, 마음을 다스리다

게 실천함을 말한다.

넷째, 사람이 배우고 닦아야 할 학문의 내용은 크게 소학小學과 대학大學으로 나눈다. 소학 시절에는 '예악사어서수禮樂射御書數'의 절도를 익히고 대학 시절에는 '궁리진성 수기치인窮理盡性 修己治人'의 도리를 공부한다.

다섯째, 인간됨에 있어 군자를 지향하고 소인을 경계했다. 인품과 학덕의 위상에 따라 인간의 격을 대개 넷 또는 다섯으로 나눈다.[23] 즉, 성인聖人·현인賢人·군자君子·선비士人·용인庸人으로 차등화되는데, 보통 사람인 용인이 수신과 학문으로 선비가 되고 선비가 수양에 힘써 군자가 되는 식으로 인격이 높아진다. 일반적으로는 군자가 되는 것이 수신의 목표라 할 수 있다. 범인凡人 가운데서도 개인의 이익과 탐욕을 버리지 못하고 심지어 공익과 현인을 해치기까지 하는 사람을 특히 소인小人이라 한다. 군자와 소인의 구별은 유학에서 특별히 강조하며 모든 사람은 군자가 되도록 힘써야 한다고 가르친다. 공자도 "너희는 군자 선비君子儒가 되고 소인 선비小人儒가 되지 말라"고 했다. 학자라고 다 같은 학자는 아니다.

여섯째, 인간이 지녀야 할 덕목으로 인仁을 가장 중요시한다. 넓은 의미의 사랑이라고 할 수 있는 인仁의 정확한 개념은 알기가 무척 어려우나, 대체로 마음가짐으로는 충서忠恕로 나타나고 도덕적 행동 기준으로는 중용中庸으로 구현된다. 충서는 내적으로 성실한 생활을, 외적으로 관용의 태도를 지니게 한다. 중용은 어떤 경우라도 도리에 맞게 처신하여 치우치지 않는 것으로서 이를 실천하기란 매우 어렵다. 이처럼 인과 중용은 최고 수준의 덕목이므로 그 실천 방법으로서 먼저 효제충신孝悌忠信과 예의염치禮義廉恥를 닦게 했고 배움을 통해 인의예지仁義禮智의 경지로 차츰 나아가게 했다. 생각건대, 성실은 인의 바탕이요 사랑은 인의 작용이다. 경건은 인으로 들어가는 문이요 올바른 예절은 인을 태우는 자동차이며 고요한 음악은 인을 기르는 자양분이다.

일곱째, 수신과 치국의 요체로서 예의와 음악의 중요성을 강조했다. 예의는 곧 사회규범이라 어느 민족 어느 국가에서도 강조되는 것이지만, 음악을 이토록 중요시한 종교나 사상은 유교 이외에 없다고 해도 지나치지 않다. 그러면 음악은 어떻게 교육 기능을 지니고 있을까? 쉽게 말해 교육의 목표는 인간의 잠재된 선한 성품과 능력을 극대화하는 것인데, 여기에 음악이 큰 역할을 할 수 있기 때문이다. 앞서 고찰했듯이, 음악은 흥분되기 쉽고 탈선하기 쉬운, 마치 바람에 흔들리는 갈대 같은 인간의 감성을 거스르지 않으면서 굳세고 아름답게 자라도록 하는 능력이 있다. 마음을 다스려 성품을 온화하며 착하고 덕성스럽게 기른다. 그리하여 궁극적으로 인간을 인의 길로 안내하는 것이 음악이다. 공자가 지향하는 최고의 가치 덕목은 인仁이다. 속성상 늘 화기가 가득한 음악은 인에 가깝고 또 인간을 어질게 한다. 진정한 악은 천지와 더불어 그 조화를 함께한다. 따라서 음악의 완성은 곧 인격의 완성이다. 이에 공자는 "악에서 완성된다成於樂"라고 했고 『예기』에서도 군자가 음을 살펴서 악을 알 수 있다면 정치의 도가 완성된다고 했다. 그런데 음악이 꼭 끌고 다니는 두 가지 예술이 있는데, 그것은 시와 무용이다. 이에 대해서는 뒤에서 논할 것이다.

여덟째, 유학은 조선시대 유림에 시와 악으로써 처세하는 강호가도江湖歌道의 전통을 심어주었다. 출사하지 않거나 관직에서 물러나서 강호에 처하여 산수를 즐기며 어부가를 읊조리는 것은 선비들의 전통이 되다시피

음악, 마음을 다스리다

「이현보초상」, 유교문화박물관.

했다. 일찍이 이현보는 예안의 분강汾江에 은퇴하여 스스로 설빈어옹雪鬢漁翁이라 하면서 어부사를 편곡하여 벗들과 배 띄우며 강호의 취미를 즐겼다. 고산 윤선도尹善道로 완성되는 강호가도는 부귀공명을 멀리하고 안빈낙도하는 선비의 모습을 담아내는 멋있는 그림이다.

요컨대 유학은 우리에게 도덕성을 갖춘 인물이 되는 길을 제시하여, 조선시대에 걸쳐 선비 사상이 온 나라를 뒤덮게 했다. 화담, 퇴계, 남명, 율곡, 다산 같은 대유大儒가 출현했고 정부인 장씨(장계향), 신사임당, 임윤지당, 강정일당, 이사주당, 김락 같은 여성 군자가 나왔으며 수많은 효자, 충신, 열녀, 의사義士가 현창되기에 이르렀다. 선비들은 때로 학처럼 고고한 자태를 보이기도 하고 때로는 범같이 열렬한 기상을 펼치기도 했다. 「악양루기」에서 자술한 범중엄의 회포처럼, "조정의 높은 자리에 있으면 백성을 걱정하고 멀리 강호에 거처하면 임금을 걱정한다"[24]는 심정을 유지하려 애썼다. 한나라 시대의 대학자 가의賈誼는 "유학의 도는 인의예악仁義禮樂 네 가지"라며 그 시행을 여러 차례 한 문제文帝에게 상소했지만, 한나라 400년의 제일 명군이라는 문제도 이를 제대로 받아들이지 않아, 율곡으로부터 자포자기한 임금이라는 평가를 받았다.[25] 이처럼 유학의 도는 이해하기도 받아들이기도 실천에 옮기기도 결코 쉽지 않다. 인의와 예는 유교의 전매특허다. 그러나 악도 여기에 준하는 위치를 점한다. 저 어렵다는 발심과 수신과 치국에 있어서 음악의 활용은 커다란 도움이 된다. 그래도 조선사 500년을 통해 수많은 인물이 늘 인의와 예악을 염두에 두면서 학문 정진과 실천 행도에 진력한 것은 조상들이 대체로 유교의 가르침을 존중하고 따른 결과일 것이다.

음악, 마음을 다스리다

3.
치국의 악

"시와 예악으로 태평세상을 이루다."

시와 예악과 국가

유교에서 정신 수양과 국가 완성은 예악으로 이룩된다. 예절은 남과 더불어 인간답게 살아가는 데 필수 사항이고 음악은 성정性情을 밝고 평안히 하여 중화中和의 덕성을 갖출 수 있도록 안내한다. 예악으로 수신과 치국을 하려면 먼저 그렇게 분위기를 유발시켜야 한다. 동기부여가 필요하다는 말이다. 이에 필수불가결한 것이 바로 시詩라는 예술이다.

옛사람도 예악으로 나라를 다스리고 일세의 풍속을 아름답게 하려면 예악의 시행에 앞서서 먼저 시교詩教를 베풀어야 한다고 했다. 짧고 재미있고 노래하기 쉬운 시를 널리 퍼뜨려 마음을 착하고 아름답게 촉발하자는 취지다. 고대 민심이 순박했던 시절, 사람들은 춤을 덩실덩실 추며 동요 비슷한 소박한 민요를 부르면서 놀기도 일하기도 했다. 시는 노래다. 고대에는 시가무악詩歌舞樂의 구별이 없었다. 기악이 포함된 시가詩歌와 무용舞踊이 완비된 형태를 악樂이라 한다. 공자의 말대로 시는 사람들을 흥기시킨다.

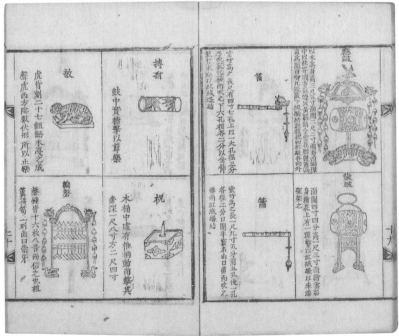

『선성궐리도先聖闕里圖』, 목판본, 1905, 존경각.
고대의 사람들 역시 악기와 춤과 몸이 하나를 이뤄 악樂을 예만큼이나 중시하였다.

공자는 일찍이 "시로써 일으키고 예로 세우고 악으로 완성한다興於詩, 立
於禮, 成於樂"[26]고 했다. 곧 예악으로 인격을 완성하고 국가를 다스려야 하지
만, 이것은 크고 어려운 일이므로 우선 시로 학습 의욕을 고취하고 정서를
진작, 흥기한다. 시의 학습을 토대와 단서로 삼아, 나아가 예를 배워 익히
며 음악을 공부하고 즐긴다는 취지다. 또한 공자는 "시는 그것으로써 일으
킬 수 있고 살필 수 있으며, 모임을 가질 수 있고 원망할 수 있다. 가까이는
어버이를 섬기고 나아가서는 임금을 섬기게 하며, 새와 짐승과 풀과 나무
의 이름을 많이 알게 한다"[27]고 했는데, 시를 통해 사람은 마음을 일으키
며, 사물과 시대를 관찰해 사람들과 더불어 무언가를 함께 하면서, 즐기며
원망하는 등의 감정 표현을 치우치지 않고 제대로 할 뿐만 아니라 나아가
충군효친忠君孝親하는 도덕성까지 기르게 된다는 지적이다.

시는 영혼의 음악이라는 말이 있듯이, 원래 단순 평이하고 운율이 있
어 노래의 속성을 지닌다. 현대시는 거의 정형시가 아니어서 구태여 작곡
하지 않는다면 여러 이유로 노래로 부르기 어렵지만, 시의 본래 성격은 의
미는 깊지만 외우기 쉬운 노래라는 데 있다.[28] 고대의 개념으로 시는 시가
詩歌, 즉 노래다. 시는 짧고 아름다우며 읽기 좋으니, 당연히 외우기 쉽고 노
래로 부르기 좋다. 그러니 그 시가 전하는 뜻을 이해하기 쉽고 행하기 쉽
다. 그러면 당연히 잘 보급될 수 있고 효과가 빨리 나타나 교육적이다. 특
히 기초 단계의 교육에 효과가 높다. 시를 배운 뒤에 예를 가르치고 익히는
것이 좋은 교육의 순서다. 그리고 성인이 되면 음악을 이해하고 배우게 한
다. 이 음악 공부에 춤이 포함됨은 당연하다.

시는 예악으로 가는 기초이며 인간의 성정을 편안하고 바르게 하므로

유학에서 중요하게 여겨왔다. 고대, 특히 주나라에서는 시를 사용하는 법을 소중히 여겨 시로써 교육하는 것을 시교詩教라 했다. 시는 노래요 음악이기에 시교를 풍교風教 또는 악교樂教라고도 부른다. 『서경』「순전」에 순임금이 음악 담당 장관(전악典樂)인 기에게 명하기를, "주자胄子를 가르치되 곧으면서도 온화하며, 너그러우면서도 엄숙하며, 굳세면서도 사나움이 없으며, 간략하면서도 오만함이 없도록 하시오"라고 하는 기록이 있다. 귀족 청년에 대한 교육 정책을 음악 담당에게 맡기는 것을 볼 때, 교육에서 음악의 비중이 얼마나 컸던가를 짐작케 한다.

덕치에서 예악의 중요성

유교는 철학적 바탕을 하늘에 두고 있다. 수신의 목적지는 하늘과 같은 사람이 되는 것이며 가르침도 하늘을 기준으로 하고 정치도 하늘의 명을 받들어 행한다. 하늘의 명을 받아 난 것이 인간의 성품이요 성품을 따르는 것이 도이며 도를 닦는 일을 교육이라 한다. 사람의 본성은 하늘에서 나왔고 하늘과 같다. 즉, 성리性理는 곧 천리天理다. 임금은 하늘의 다스림을 대행하는 천자天子요 만백성은 천민天民이다. 따라서 교육의 원리도 정치의 원리도 하늘의 이치를 따라야 하며, 그래야만 최상의 교육이요 최상의 정치다. 그런데 하늘의 이치는 예악에 나타나므로, 유학이 정치에 쓰일 때는 예악 정치가 된다. 그리고 수신에 있어서도 방법론상 예악이 필수적이다. 따라서 군주는 어린 시절부터 예악을 학습하고 실천해야 한다.

변방의 역사 기술에 소극적인 중국의 사서史書에서 동이東夷를 두고 "음식에 조두俎豆를 사용하고 회동에 읍양을 아는 군자지국이라, 공자가 바

다를 건너가려 한 것이 이유가 있다"라고 적었다. 『소학』에서도 부모상을
잘 치른 대표적인 인물로 대련·소련을 들고, 이 두 사람은 동이지인東夷之人
이라 했는데, 아마도 문헌상 삼년상의 효시일 것이다. 고조선이나 부여, 고
구려에서부터 예가 중시되었음을 유추할 수 있으나, 전하는 문헌이 부족
하다. 기록상으로 볼 때, 아시아에서의 예다운 예의 성립은 황제와 요순으
로부터 시작하여 하夏·은殷·주周 삼대를 거치며 발달해 서주西周 초기의
주례周禮에서 거의 완성된다.

주례는 문왕의 아들이요 무왕의 아우인 주공周公 단旦의 작품이라고
하는데, 천하 국가를 다스리는 정부 조직의 직제와 정원, 임무와 예악이
기록되어 있다. 주례에서 천명하는 예법은 나랏일에 관한 길례·가례·군
례·빈례·흉례의 다섯 가지다. 길례吉禮는 종묘사직과 산천山川·기우祈
雨·선농先農 등 국가에서 행하는 의례 및 시향행사時享行事, 군례는 출정出
征 및 반사班師에 관한 것, 빈례賓禮는 외국 사신을 접대하는 의식, 가례嘉禮
는 궁중 의식 절차 및 국혼國婚 등에 관한 것, 흉례는 국상國喪·국장國葬에
관한 것을 말한다. 주례의 오례五禮는 이후 동양 삼국을 지배하는 중요한
의례로 자리잡았는데 당나라의 『대당개원례大唐開元禮』(현종 20, 732)에서
완비되었고 송을 거쳐 명나라의 『대명집례』로 집대성되었다. 우리나라는
당·송 예제의 영향을 받은 고려의 『상정고금예문詳定古今禮文』을 거쳐 조
선시대에 와서 정비되었다. 예악을 중시한 조선 왕조는 태종 2년 의례상정
소까지 설치해 고금의 예법을 연구한 결과, 『세종실록』의 『오례五禮』(1451)
를 거쳐 성종 시절 『국조오례의國朝五禮儀』(성종 5, 1474)가 편찬되기에 이르
렀다.

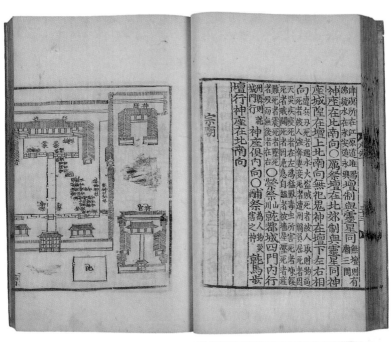

宗廟

津溪浦涉所在江原道道永興壇制與靈星同廟無壇則有三間
神座在壇上北南向○厲祭壇在北郊制與靈星同神
座城隍在壇上北南向無花鬼神在壇下左右相
向○纛祭川山乾都城四門內行
城隍門縣則就神座俱內向○餉祭皆為之神乾馬蠹

天災遺敗震死者
死於兵者
死於水火盜賊者
被人取財物逼死者
被人強奪妻妾死者
遭刑禍負屈死者
天災流行死者
為猛獸毒蟲所害者
為饑餓凍死者
因戰鬪死者
因危急自縊者
因牆屋傾壓死者
因産難死者
因雷震死者
因墜墮死者

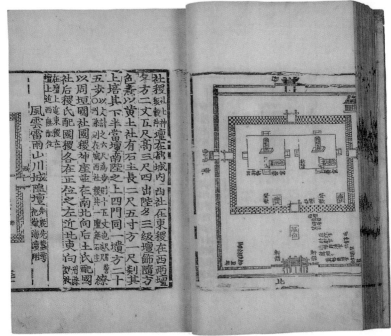

風雲雷雨山川城隍壇先農先蠶雩祀嶽海瀆附

社稷壇在都城內西社稷在東社稷在西兩壇
壇方二丈五尺高三尺四出陛各三級壇飾隨方
色燾以黃土社有石主長二尺五寸方一尺剡其
上培其下半當壇埋之十四門同一壇方二十
五步以周垣
○社后稷配國社國稷亞在南北后土氏配國
○社稷國社國稷神座亞在正位之左近比更向

『국조오례의 서례』, 34.9×23.0cm, 조선시대, 국립중앙도서관.

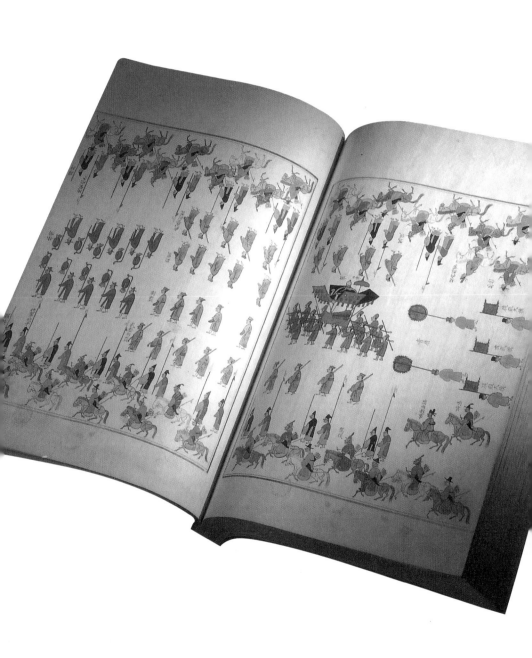

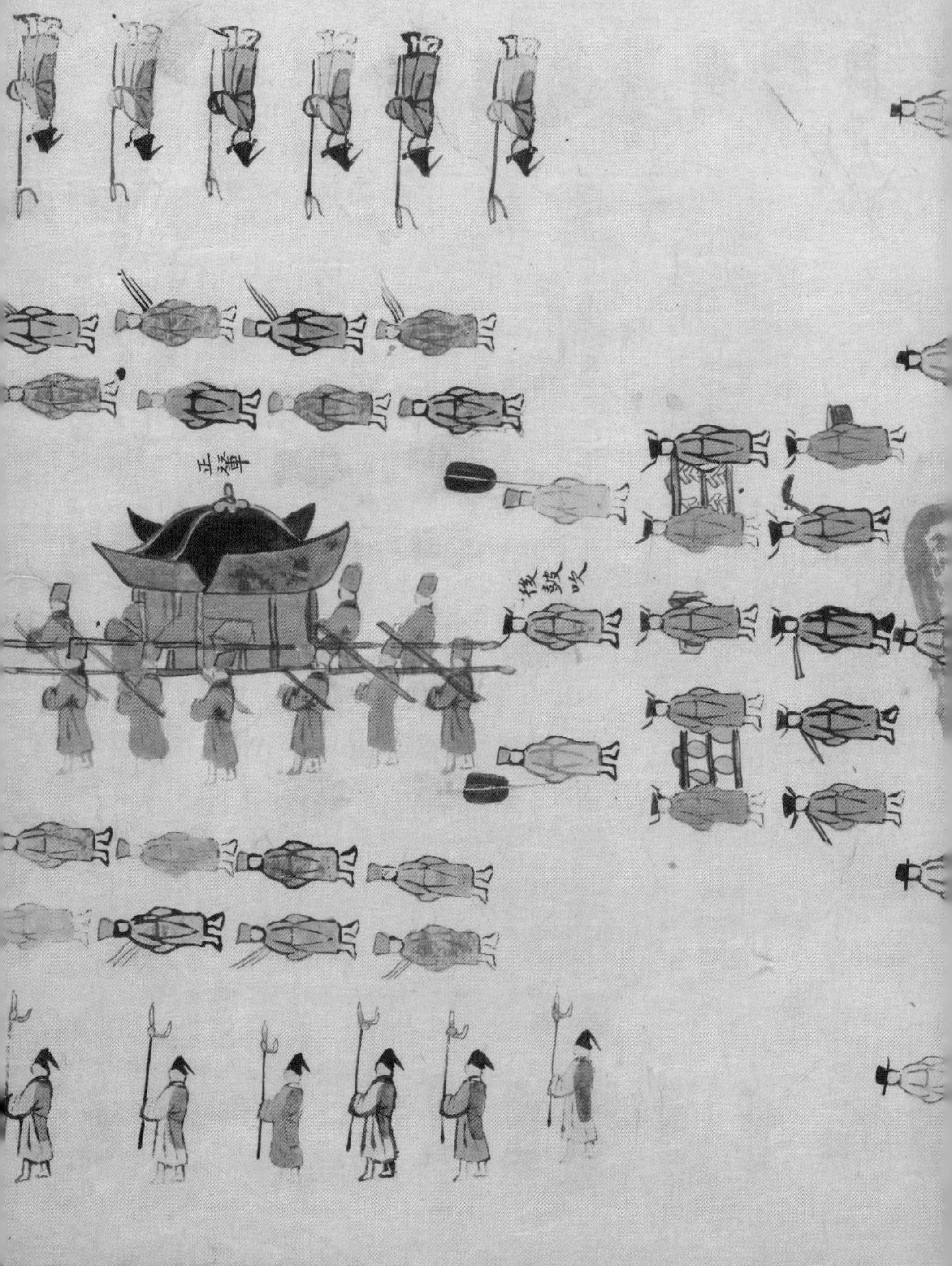

「영조정순왕후가례도감의궤」, 규장각한국학연구원.

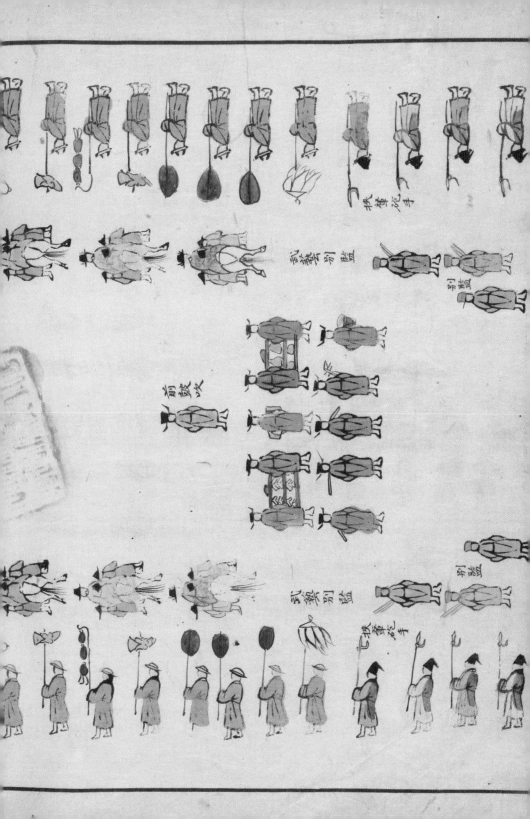

『세종실록』「오례」 '가례서례'에 제시된 22종의 악기.

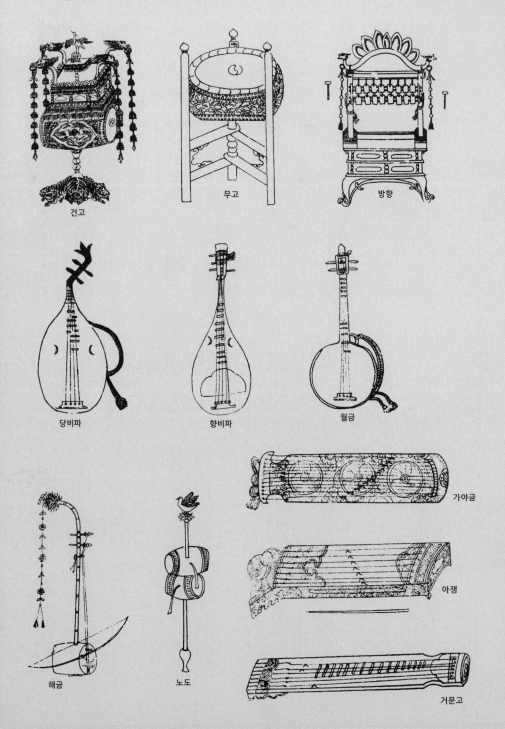

건고

무고

방향

당비파

향비파

월금

가야금

해금

노도

아쟁

거문고

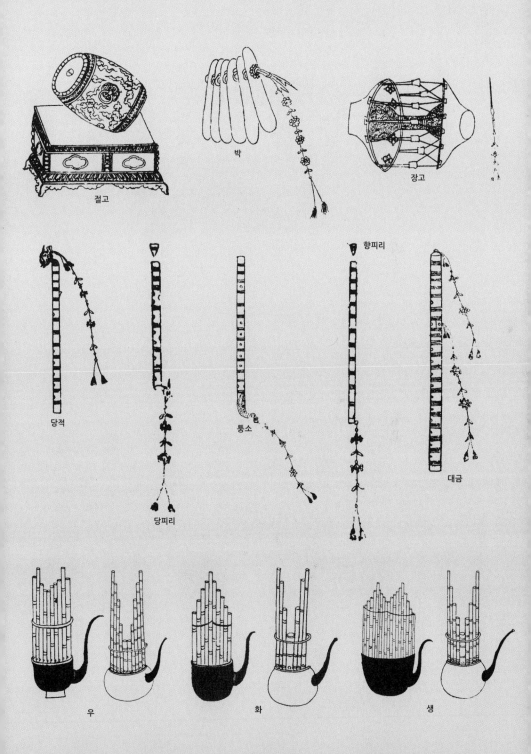

절고

박

장고

향피리

당적

당피리

통소

대금

우

화

생

『명성황후국장도감의궤』, 종이에 채색, 49.7×33.2cm, 규장각한국학연구원.

이처럼 유교는 인간의 올바른 마음에서 우러나오는 도덕과 예로 다스리는 정치를 바른 정치라고 보며 법률과 형벌을 앞세우는 법가주의를 경멸한다.[29] 따라서 신분과 질서를 지나치게 강조하는 폐단도 있지만, 이는 음악에 의하여 보완되어 치국의 도를 완성한다.[30]

공자의 큰 제자인 자하子夏는 음악을 덕음德音과 익음溺音으로 구분했다. 급촉하고 음란하며 슬픔에 빠지게 하는 올바르지 못한 음악이 익음이요 평안하고 우아하여 정제미를 갖춘 음악을 덕음 또는 정음正音이라 했다.

앞에서 살펴본 것처럼 예禮와 악樂은 손바닥과 손등, 동전의 양면, 새의 두 날개와 같다. 수신과 치국에 있어 아주 요긴하게 쓰인다. 그리고 예는 의義에 가깝고 악은 인仁에 가깝다. 예는 올바른 마음가짐을 중시하므로 의에 가깝다는 것이고 악은 사랑과 조화를 생명으로 하므로 인에 가깝다는 말이다. 악은 같게 하고 예는 다르게 하므로 예악의 병행을 통해 질서와 조화를 성취하도록 하는 것이 유교 정치의 한 특징이라 할 수 있다.

요순시대와 주나라의 예악 정치

옛 성현은 모두 예악에 통달했다. 특히 순 임금은 음악에 깊은 조예를 지녔다. 순 치하의 어느 봄날 신하들과 담소하는데, 하늘에서 경성景星과 경운景雲이 출현하자 오현금五絃琴을 타며 남훈가南薰歌를 연주하면서 신하들과 함께 태평을 즐겼다. 한편 순 임금의 음악인 대소大韶는 음악을 맡은 신하인 기夔의 작품이라 여겨지는데, 공자가 진선진미盡善盡美라고 칭송했다. 공자는 또한 『시경』「국풍·관저」의 음악을 듣고도 그 시작부와 발전부 및 종결부의 구성과 진행이 완벽하게 아름답다며 감탄했다. 이처럼 고대에는 음악이 풍성했다.

실제 주나라 주공이 제정한 주례周禮를 보면 나라의 음악을 담당하는 대사악大司樂이 고등교육을 관장했으며, 교육 담당부서인 사도司徒는 초·중등 교육을 맡은 것으로 보인다.『중용』에서도 예악 제정의 중요하고도 어려운 까닭을 설파하고 도덕과 지위를 모두 갖춰야 감히 예악을 제정할 수 있다고 했다.

어떤 사회든, 바람직한 모습은 '질서가 있으면서도 조화로운 상태'다. 예는 질서요 악은 조화라, 예악 정치는 질서와 조화를 융합한다. 질서 있되 조화로우며 조화가 가득하되 질서가 유지된다. 이것이 바로 요 임금 시대의 '강구연월康衢煙月'과 '격양가擊壤歌'요, 순 임금 시절의 '경성·경운'과 '구공가九功歌'다. 치산치수治山治水를 완료한 우禹는 순 임금께 이제 정덕·이용·후생의 삼사三事와 '금·목·수·화·목·곡'의 육부六府가 충실해 구공九功을 이루었으니, 마땅히 구가九歌로 노래해야 할 것이라고 건의한다.

음악의 존중과 제작은 기록상 복희씨에까지 소급되나 황제 헌원씨부터의 음악이 실제 주나라에서도 연주되었다고 한다. 중국이 사실상 시조로 여기는 황제 헌원씨로부터 요순의 당우唐虞와 하·은·주 시대까지의 제왕의 음악인 '육대지악六代之樂'은 다음과 같다.

주례周禮의 육악六樂

황제	당요	우순	하우	상탕	주무
운문	대장	대소	대하	대호	대무

음악, 마음을 다스리다

주나라 초기의 성세盛世에 민간에서는 '주남' '소남' 등의 국풍國風이 널리 불렸고, 조정과 귀족 가문의 조회와 음복과 연향에서는 '대아' '소아'가 널리 연주되었다. 그리고 종묘와 교사31 등의 제사에는 '청묘' '문왕' 등의 송이 노래되었다. 이처럼 찬란하던 주대의 음악이 춘추전국시대를 지나면서 시들고 단절되었다. 조광윤이 송을 건국하고 유교에 입각한 문치주의를 표방하자 때마침 염계 주돈이, 명도 정호, 이천 정이, 횡거 장재 등의 대학자大學者들이 맹자 이후 단절된 도학을 제창했다. 이에 응하여 송조에서는 주나라의 옛 음악, 즉 아악雅樂을 재현하려 노력했으며 마침내 풍류 천자인 휘종 시대에 완성했다고 자부했다. 이 대성아악이 고려에 들어왔으나 무신의 난 등으로 거의 인멸된 것을 세종이 부흥시켰다.

이처럼 고대의 태평성대를 이어받는 의미에서 송나라는 '대성大晟', 금나라는 '대화大和', 원나라와 명나라는 '대성大成'이라는 음악을 갖추었다. 우리나라는 조선 세종이 편종을 제작하여 황종관을 정하고 고려로부터 전해오는 아악雅樂을 정비했으며, 친히 '보태평' '정대업' '여민락' 등의 연향지악宴饗之樂을 작곡하여 '균화鈞和'라 이름하였다. 세종의 '보태평'과 '정대업'은 세조가 재정비하여 종묘제례악으로 사용했다. '육대지악'과 세종조의 아악은 모두 '악가무樂歌舞'를 갖춘 장엄·웅대한 음악이며 이 음악을 행하는 예법 또한 찬란하고 엄중하기 이를 데 없다. 세종의 음악 정책에 관해서는 다음 절에서 살펴보고자 한다.

세종의 예악 정치

조선의 아악은 그야말로 궁중의 음악이다. 이것은 궁중에서 행해지는 각종 잔치와 연회, 의례, 기념식, 제사에 활용되었고 거의 세종 시대에 정비되었는데, 그 음악도 고전에서 말하는 음악을 그대로 행한다. 앞서 음악의 원류는 시와 노래와 춤이라 했다. 여기에 기악이 보태져 그야말로 악가무가 총체를 이루는 음악이 궁중 음악인 아악이다. 넓은 의미의 아악은 정악과 그 범위를 함께 할 것이나, 좁은 의미의 아악은 주나라 또는 춘추시대의 음악이며 그것이 조선 궁중에서 연주되었다. 아니 그렇게 되도록 노력했다.

세종은 왕도정치를 구현하고자 노력한 임금이었다. 왕도정치는 도덕과 예악을 중시한다. 도덕은 유가 경전에 자세히 기록되어 있고 예악은 시대에 따라 변하지만, 그 원리는 역시 유교 철학 안에 존재한다. 조선의 예법은 의례상정소에서 연구, 시행되었고 계속 보완되어나갔다. 그러나 음악은 당악과 향악이 섞인 고려조의 음악을 사용했으므로 세종은 음악을 주나라의 옛 제도에 맞게 정비하려고 정성껏 추진해나갔다. 국가 음악의 완비를 위해서는 제왕의 의지는 물론, 이를 구체화할 악기와 악사, 그리고 악곡이 있어야 한다. 악기는 거의 형편없는 지경이었는데, 해주의 거서秬黍(검은 기장)와 남양의 경석磬石(편경의 재료)의 출현에 진작되어 맹사성孟思誠과 박연朴堧의 노력으로 마침내 가장 중요한 악기인 편경과 편종이 완성된다. 그러나 기장으로 제작하는 율관의 제작은 처음에 실패했다가 이다음에 성공한 것으로 알려져 있는데, 성공 여부를 확실히 알 수는 없다. 기악을 연주할 악사는 충분히 확보해 여러 기관에서 복장과 의물을 제작하고 악공을 가르치며 충원했다. 악곡은 당시 연주되던 당악과 향악을 유지하는 한편 아악에 해당되는 고악을 재현하려 했다. 세종은 경연에서 채문정의

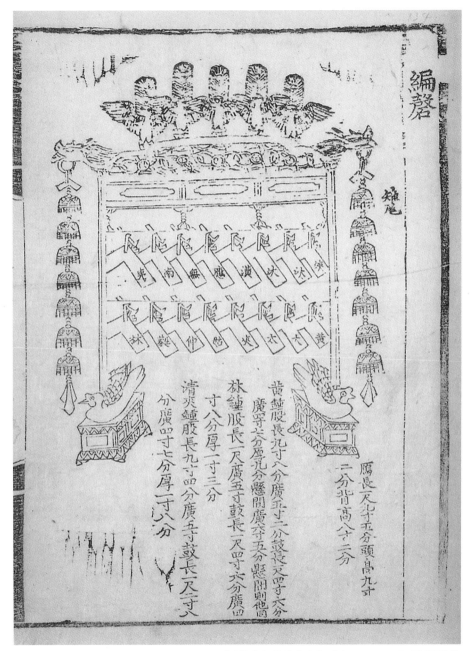

『악학궤범』에 실린 편경, 36.4×23.7cm, 1743, 국립국악원.

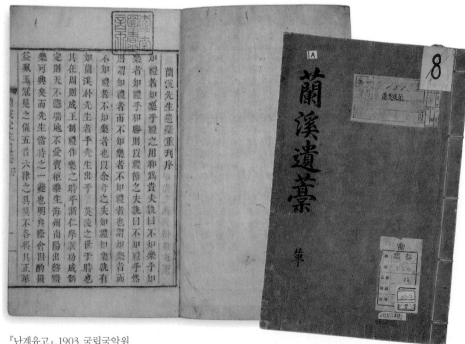

『난계유고』, 1903, 국립국악원.
박연의 글을 모아 엮은 시문집이다. 39편의 상소문 가운데 음악에 관한 것이 대부분으로, 악률, 악기의 제작, 음악 제도뿐 아니라 연주 복식 등에 대해서도 다루고 있어 박연의 넓은 음악관을 볼 수 있다.

『율려신서』를 공부하는 등 유교의 음악이론을 연구한 뒤 몇백 년 길이 내려갈 새 나라의 음악을 정비하는 대사업을 진행했다. 이 국악 제작이라는 국가적 대업에 적극 동참해 세종의 치세를 도운 인물로는 맹사성, 박연, 남급, 정양이 있다. 그리고 이 큰일이 우리말을 소리대로 적어나갈 수 있는 훈민정음을 창제하는 작업과 동시에 이뤄진 것은 참으로 경탄할 일이다.

한편 박연은 주자의 『의례경전통해儀禮經典通解』에 나오는 시악詩樂, 즉 『시경』의 음악을 연구해, 이 책에 실린 『풍아십이시보風雅十二詩譜』라는 악보를 활용해 주나라 시절 유행한 『시경』의 좋은 시를 가사로 하는 음악들을 재현했다.[32] 이 음악은 주로 조회에 사용했는데, 악장은 『시경』에 실린 「녹명」 3장을 비롯해 「사모」 「황황자화」 「어려」 「남유가어」 「남산유대」 등이다. 여기서 궁조인 2곡(「어려」에서 나온 '융안지악隆安之樂'과 「황황자화」에서 나온 '서안지곡舒安之曲')은 실제 연주에 사용했으니, '융안지악'은 조회에서 임금이 출입할 때 연주했으며, '서안지곡'은 군신의 배례拜禮 절차에서 연주했다. 특히 세종 13년 정월 초하룻날, 아악으로 회례연을 연 일은 매우 역사적이다.

세종은 다시 당시의 제례 아악을 정비하면서 원나라에서 편찬된 임우林宇의 『대성악보大成樂譜』를 토대로 했다. 그 이유는 세종 당대에 연주하던 문묘제례악보다 주나라의 옛 예법에 훨씬 가깝게 연주하는 원칙을 제시하고 있기 때문이다.

조선 문묘제례악은 많은 부분 송의 대성악大晟樂에서 유래한다. 고려 예종 11년(1116) 송 휘종은 고려 예종에게 심혈을 기울여 만든 대성아악大晟雅樂을 보내주었다.[33] 고려에서는 이 대성악을 원구圓丘·사직社稷·태묘太

세종조 회례연.

廟·문묘文廟 등의 제향에 사용했다. 이 가운데 문묘제례악은 문묘에서 공자를 비롯한 역대 성현의 신위를 모시고 제사지낼 때 연주하는 음악으로, 중국 주나라 음악을 연주해 고대의 아름다운 정치를 재현한다는 취지를 지니고 있다. 그러나 정작 중국에서는 이미 사라지고 우리나라에만 남아 있는 매우 소중한 음악이다. 그러므로 연주에 있어서는 당연히 의식과 악기와 악물이 고례古例에 따라 사용되고 성대한 춤이 병행되어야 하며 좋은 시가 가창되면서,[34] 제사 의식이 거행되어야 한다. 까다로운 만큼 그 규모가 웅장하고 음악이 장중하다. 연주되는 소리는 악樂이요 연주되는 모습은 예禮라, 예악이 화려하게 일체가 되며 종묘제례악과 함께 매우 엄숙하니, 아악의 전형적인 곡이다.

그러면 세종은 어떻게 고대 주나라 시절의 아악을 거의 복원해낼 수 있었을까? 사실 이것은 한漢·당唐·송宋에서도 하지 못한 사업이다. 오늘날에도 연주되는 문묘제례악은 세종 때 박연朴堧이 중심이 되어 전술한 임우의 『대성악보』는 물론이고, 『주례』와 당나라 두우杜佑의 『통전通典』과 송나라 진양陳暘의 『악서樂書』 등을 연구해 만들었다. 이 음악은 영신악에 12율을 차례대로 궁으로 삼는 황종궁·대려궁 등 12곡과 송신악 중에서 송신협종궁, 송신임종궁, 송신황종궁을 합한 총 15곡으로 이루어져 있다.[35] 박연은 제례악을 새로 정함에 있어 팔음八音을 내는 고악기[36]들을 제대로 갖추고, 아악보를 만들어 옛 주나라의 악제에 가까운 틀을 마련했는데 그 공적은 크다. 특히 이 문묘악을 제외한 세종 시대의 그 많던 아악이 현재 전해지지 않기에, 문묘제례학은 주나라의 음악을 복원하려 한, 세계 유일의 제일 오래된 음악이기 때문에서다.

음악, 마음을 다스리다

문묘제례악을 연행함에는 유교의 음악관[37]에 따라 일무佾舞를 춘다.[38] 제례에서 추는 춤은 일정한 대열을 이루어 진행되므로 줄 일佾 자를 넣어 '일무佾舞'라 하는데, 조선은 제후국의 예에 따라 육일무를 추었다.[39] 여기에 또 두 가지 춤이 있는데 문무겸전의 뜻을 취했다. 문무文舞는 '좌약우적'이라 하여 왼손에 약籥, 오른손에 적翟을 들고 추며, 무무武舞는 '좌간우척'이라 하여 왼손에 간干, 오른손에 척戚을 들고 춘다. 약은 상고시대의 퉁소인데 구멍이 셋이며, 적은 꿩 깃털 모양을 단 깃대로서 춤에 사용하는 무구舞具의 하나이며 예절과 문덕文德을 상징한다. 간은 방패요 척은 도끼로 무위武威를 나타낸다. 음악적 특징은 중국 아악 계통으로 궁宮·상商·각角·변치變徵·치徵·우羽·변궁變宮의 7음 음계로 되어 있으며, 선율은 꾸밈음 없이 1음 1박이고, 곡조의 진행이 반드시 주음主音으로 시작해 주음으로 끝난다. 4음이 한 구句를 이루고, 이것이 여덟 마루로 구성되며, 매구 끝에 박拍이 한 번씩 들어간다.

한편 제례 아악의 또 다른 특징은 등가와 헌가라는 아래위에 위치한 두 개의 악단이 번갈아가며 연주하는 것이다. 즉, 문묘나 종묘의 제례악에서 여러 악기들을 아래 위 두 개로 나누어 배치하는데, 당연히 모두 주나라 시대의 고악기를 쓴다. 이를 '악현樂懸'이라 하는데, 등가와 헌가가 있다. 등가에는 주로 금슬 등 현악기와 노래가 배치되고 헌가에는 관악기가 배치된다. 헌가는 예법에 따라 규모가 바뀌는데, 조선은 헌현으로 연주했다(천자는 궁현宮懸, 제후는 헌현軒懸, 대부는 판현判懸, 사士는 특현特懸 등으로 구별된다. 궁현은 편종·편경을 동서남북 4면, 헌현은 남쪽을 제외한 동서북 3면, 판현은 좌우 2면, 특현은 1면에만 배치한다).

다음 제례악의 순서를 보자. 원래 제사 음악은 신을 맞아들이고 예를 올리고 떠나보내는 절차에 따라 자연스럽게 진행된다. 먼저 신을 맞는 영신迎神, 다음에 폐물과 음식을 올리는 전폐奠幣와 진찬進饌, 그다음 세 명의 헌관이 차례로 술을 올리고 절하는 초헌初獻, 아헌亞獻, 종헌終獻의 예가 있고 제기를 거두는 철변두徹邊豆, 그리고 신들을 보내는 송신送神, 마지막으로 떠난 신들을 향해 축문을 태우는 예를 올리는 망료望燎 순으로 행해진다. 참고로 영신·전폐·초헌례에서는 문무를 추고, 아헌과 종헌례에서는 무무를 춘다.

이제 현재도 전하는 국가중요문화재 1호인 종묘제례악을 간략히 살펴본다. 종묘제례악은 종묘와 영녕전永寧殿의 제사에 쓰이는 제사 음악 일체를 말하며, 조선시대 역대 임금을 불천위로 모시고 제례를 올리는 음악이다. 궁중에서 행하는 가장 엄숙한 음악으로 전통 아악의 형식에 따라 노래와 기악 연주와 춤을 갖추고 있다. 제례악이라는 점에서는 문묘제례악과 같은데, 새 왕조를 열고 다스린 역대 임금들의 신위를 모시고 제사를 올리는 음악이기 때문에 더욱 장중 화려하다. 더구나 현재 연주되는 종묘제례악은 조선 왕조를 개국한 태조와 태종은 물론, 그 뿌리가 되는 이전의 네 조상의 공덕을 찬양하는 음악으로서, 세종이 직접 작곡했기에 그 의미가 더욱 특별하다. 물론 이 음악에도 당연히 조상의 공덕을 찬양하는 시와 이를 연주하는 노래와 기악 그리고 일무가 포함되어 있다.

종묘제례악의 악기 편성은 아악기, 당악기, 향악기가 모두 포함되어 있는 점에서, 아악기로만 편성된 문묘제례악의 악기 편성과 구분된다. 조선 초기에는 심지어 거문고, 가야금, 비파 등의 현악기까지 포함하여 화려한

음악, 마음을 다스리다

종묘에서 이뤄지는 제례악의 등가(위)와 헌가(아래).

조선시대의 황동 제기, 국립고궁박물관.

관현악단을 편성했다. 종묘제례악의 악기 편성은 다음과 같다.

- 등가: 편종, 편경, 절고, 축, 어(이상 아악기), 방향, 아쟁, 장구, 박, 당피리
  (이상 당악기), 대금(향악기)
- 헌가: 편종, 편경, 진고, 축, 어(이상 아악기), 방향, 해금, 장구, 박, 당피
  리, 태평소(이상 당악기), 대금(향악기), 징(기타)

고려 예종 시절에 송나라에서 대성아악이 들어오고 같은 해(1116)
10월 태묘太廟, 즉 종묘에 사용했다는 기록이 있으나, 이후 고려 아악은 고
전적이지 않았고 향악도 함께 사용되면서 변형되었다. 조선 왕조에 들어

음악, 마음을 다스리다

서서, 태종 6년(1406) 7월 중국 명나라에서 편종, 편경 등 악기가 들어왔다. 태종 연간에는 중국식 아악을 정비하고자 노력했고 정도전이 '몽금척' '수보록' '정동방곡' '납씨곡' 등을 짓고 하륜이 '근천정' '수명명' 등의 여러 악장樂章을 지었다.[40] 그러나 종묘악 등이 여전히 미비했으므로 조종祖宗의 공덕을 기리기에는 부족하다 하여, 세종은 고취악과 향악에 바탕을 둔 한국적 아악을 염두에 두고 노력한 결과 마침내 '정대업定大業' '보태평保太平' '발상發祥' '봉래의鳳來儀' 등을 창제했다. 그중 '정대업'과 '보태평'은 회례악무會禮樂舞로 창제된 것이고 처음부터 종묘제례악에 쓰이지는 않았다. 이 곡들은 동양 최초의 유량악보有量樂譜인 『정간보井間譜』와 『율자보律字譜』에 의해 기보되었다. '보태평'은 조상들의 문덕文德을, '정대업'은 무공武功을 칭송하는 한문 시의 가사로 되어 있는데, '보태평'의 각 곡은 임종궁평조林鍾宮平調인 5음 음계이고, '정대업'은 남려궁계면조南呂宮界面調인 5음 음계로 이루어졌다. 이 음악은 세조대에 종묘제례악으로 개작되면서 보다 무게 있는 음조인 청황종평조와 청황종계면조로 각각 바뀌어 지금까지 내려온다.[41] 사용되는 악기는 문묘악과 비슷하다. 일무佾舞는 예전에는 육일무로 36명이 추었으나 현재에는 팔일무이며 64명이 춘다. '보태평'의 춤은 문무文舞이고 '정대업'의 춤은 무무武舞다.

일찍이 세종은 당시 종묘제례에 쓰이는 음악이 우리나라 음악이 아니므로 평소에 듣던 향악(고려가요인 '만전춘' '서경별곡' '청산별곡' 등)을 개작하여 제사 때 연주하는 것이 마땅할 것으로 판단했다(세종 13). 그러다가 궁중 의식이나 임금이 나들이할 때 타악기와 취주 악기로 아뢰던 고취악에 향악을 혼합하여 새로운 음악을 창제했다. 즉, 세종 28년(1446) 궁중

회례연에 사용하기 위해 창작된 '보태평'과 '정대업'은 세조 10년(1464) 정월 종묘제례에 맞게 고쳐 연주한 뒤 지금까지 전승되고 있다. 이 신악新樂은 사실상 중국의 음악과 우리나라의 음악을 합성하여 악기 편성부터 다른데, 워낙 절묘하게 융합되어 음악도 훌륭하고 무용도 아름답기에, 보면 볼수록 감탄하지 않을 수 없다. 그러나 세종 당시에는 회례악으로만 쓰였고, 18년이 지나서야 비로소 세조에 의해 '보태평'과 '정대업'이 각기 11곡으로 정비되어 종묘제례에 올리는 음악으로 연주되었다. 종묘제례악도 문묘제례악과 같이 등가와 헌가의 아래위 두 악단이 교대로 연주하고 정연한 대열을 이루어 춤추는 일무를 연행한다. 조선시대에는 제후국에 준하여 36명의 육일무를 추었으나, 고종이 광무 황제에 즉위한 뒤부터는 천자의 예禮인 64명의 팔일무를 추었다. 이때 문무는 문묘제례악과 같으나 무무는 그와 달리 검과 창 등을 들고 춤춘다.

종묘에서 제사지내는 의식에서 가장 중요한 부분은 초헌례다. 초헌례는 선대 임금의 신주를 향해 첫 번째 술을 올리는 예인데, 초헌관은 당연히 당대의 임금이 되며 조상의 문덕을 찬양하는 보태평의 음악을 연주한다.[42] 그런데 이때 11개의 곡이 필요하다. 그 이유는 술잔을 올리러 걸어 들어갈 때 아뢰는 전주곡이 있고, 술잔을 바칠 때 올리는 긴 중심곡이 있고, 술을 바치고 난 뒤 물러날 때 연주하는 후주곡이 있는데, 술을 올리는 예가 가장 중요하므로 성수인 3의 3배수요 인간 세상의 극수인 9를 사용하여 아홉 곡을 연주한다. 이처럼 초헌례에서 아홉 번 음악의 가사와 곡조가 바뀌는 것을 구성九成이라 한다. 그리하여 전주곡 하나와 술잔 바칠 때의 아홉, 후주곡 하나 해서 모두 11가지가 된다. 이처럼 현행 '보태평'은 '희

음악, 마음을 다스리다

문熙文'·'기명基命'·'귀인歸仁'·'형가亨嘉'·'집녕輯寧'·'융화隆化'·'현미顯美'·'용광정명龍光貞明'·'중광重光'·'대유大猷'·'역성繹成'의 11곡으로 구성되었는데, 첫 곡인 희문을 초헌례는 물론 그에 앞서 행해지는 영신과 전폐의 예에서도 연주한다. 이 세 차례 희문의 연주는 각기 속도가 달라, 이를 각각 영신희문, 전폐희문, 인입희문(초헌례의 시작 때)이라 부르며, 제일 처음 연주하는 영신례에서의 연주 속도가 가장 빠르고 전폐 때에 올리는 희문의 속도가 가장 느리며 장중하다.

참고로 희문의 가사는 "열성개희운列聖開熙運 병울문치창炳蔚文治昌 원언송성미願言頌盛美 유이시가장維以矢歌章"의 4구인데, 대개 "열성조께서 나라의 빛나는 운을 열어주시니 찬란한 문치가 창대하도다. 원컨대 이 융성한 아름다움을 칭송함에 노래를 베푸나이다"라는 뜻이다. 한편 '정대업' 11곡은 아헌과 종헌례에 연주된다. 정대업은 당태종의 '진왕파진악晉王破陣樂'의 취지를 계승한 것이라고 할 수 있는데, 무무武舞와 함께 연주되며, 세조 이후 '소무昭武'·'독경篤慶'·'탁정濯征'·'선위宣威'·'신정神定'·'분웅奮雄'·'순응順應'·'총유寵幽'·'정세靖世'·'혁정赫整'·'영관永觀' 등 11곡이 전해진다.

그리고 '보태평'과 '정대업'이 연주될 때 각기 문무와 무무가 행해짐은 물론이다.

세종은 훗날 종묘제례악이 되는 '보태평'과 '정대업'을 만들면서, 훈민정음의 실용성을 시험하는 동시에 개국의 필연성을 홍보하기 위한 시가詩歌를 만들었는데(세종 27년, 1445) 바로 「용비어천가龍飛御天歌」다. 이 노래는 125장으로 되어 있으며 먼저 조선의 개국과 중국 주나라의 개국 과정이 아주 흡사해 역사적 필연이었다는 점을 부각시킨다. 주나라는 순 임금 때

농사를 맡았던 신하 후직后稷의 12세손인 고공단보(태공)와 왕계, 문왕(희창)을 거쳐 무왕(희발)에 이르러 비로소 천하를 차지하게 되었는데 이는 오랜 기간에 걸쳐 이뤄진 역사로서 천명에 의한 것인 것처럼,[43] 조선 왕조도 목조穆祖(이안사), 익조翼祖(이행리), 도조度祖(이춘), 환조桓祖(이자춘)의 뛰어난 조상의 공업을 계승하여 태조(이성계)가 새 나라를 세운 것이라, 인력에 의한 것이 아니요 이 또한 주나라처럼 천명을 받았음을 강조한다. 「용비어천가」는 웅장하면서도 매우 아름다워 한글로 된 최초의 글답게 문학성이 높다. 특히 1장과 2장은 전체의 시작으로서 명시名詩에 속한다. 이 노래는 개국의 정당성을 천명한 장편 서사시인데, 부처님의 생애와 공덕을 기린 「월인천강지곡月印千江之曲」과 함께 악장 문학의 대표작으로서 훈민정음이 사용되었다는 큰 의미가 있다. 여기서 악장이란 궁중에서 사용된 노랫말 가사다. 「용비어천가」는 '봉래의鳳來儀'로 연주되는데 그 가운데 1~4장과 125장의 한역시가를 가사로 하여 연주하는 것이 '여민락與民樂'이요, 1~16장과 125장의 국문 가사를 연주하는 것이 '치화평致和平'이며 1~8장과 125장의 국문 가사를 연주하는 음악이 '취풍형醉豊亨'이다. 「용비어천가」 가운데서도 중요한 제1, 2장과 125장을 감상해본다.

「용비어천가」 1장

해동海東 육룡六龍이 ᄂᆞᄅᆞ샤 일마다 천복天福이시니 고성古聖이 동부同符ᄒᆞ시니.
(우리 해동의 여섯 용이 하늘에 나르시어, 일마다 모두 하늘이 내린 복이시

니, 그 일이 저 옛 성인과 꼭 같으시니.)

　'해동육룡'은 「용비어천가」가 지어진 세종 때를 기준으로 그의 여섯 할아버지를 가리키는데, 임금으로 추존된 목조·익조·도조·환조와 태조, 태종으로서 창업에 공이 없는 제2대 정종은 빠져 있다. 고성古聖은 유명한 중국의 옛 성군들인 주나라의 왕업을 이룩한 창업주인 태공, 왕계, 문왕, 무왕을 말한다. '동부同符ᄒᆞ시니'는 여합부절, '짝이 되어 틀림없이 맞으시니'란 뜻으로 주나라의 창업과 조선의 창업 과정이 무척이나 흡사하다는 것이다. 여섯 용을 이야기한 것은 하늘과 성인과 대인을 움직임을 상징하는 『주역』의 첫 괘인 중천건괘重天乾卦가 각각 용龍에 해당되는 여섯 개의

『용비어천가』, 정인지 외 찬, 36.0×23.2cm, 1612, 규장각한국학연구원.

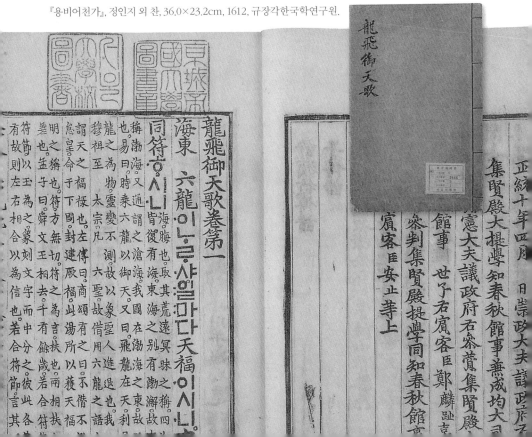

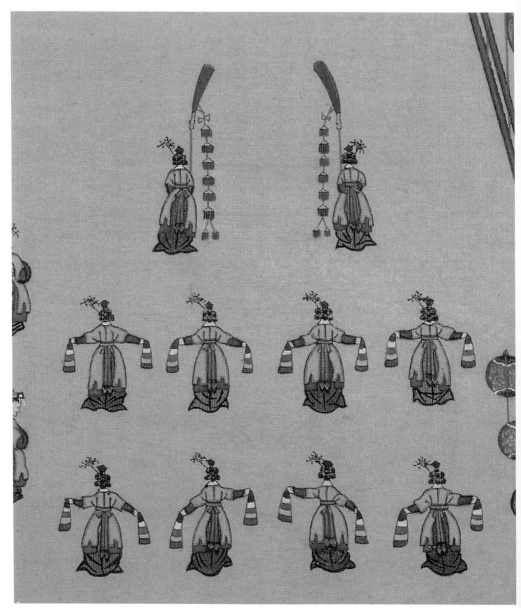

「신축진연도병」에 표현된 '봉래의', 비단에 채색, 각 폭 149.5×48.5cm, 연세대박물관.

양효陽爻로 구성되어 있어, 잠룡潛龍, 현룡見龍, 비룡飛龍 등으로 표현된 것처럼, 목조로부터 태종까지 여섯 영웅의 공업이 마치 『주역』 건괘의 여섯 용이 하늘을 마음껏 나는 것과 같이 신성하고 웅장했다는 다소 과장된 비유다. 한편 '용비어천龍飛御天'이란 말은 『주역』 건괘의 '때로 여섯 용을 타고 하늘을 다닌다時乘六龍以御天'에서 유래한 말이다.

2장

불휘 기픈 남ᄀᆞᆫ ᄇᆞᄅᆞ매 아니 뮐ᄊᆡ 곶 됴코 여름 하ᄂᆞ니

ᄉᆡ미 기픈 므른 ᄀᆞ모래 아니 그츨ᄊᆡ 내히 이러 바ᄅᆞ래 가ᄂᆞ니

(뿌리가 깊은 나무는 바람에 흔들리지 아니하여, 꽃이 좋고 열매가 많나니.

샘이 깊은 물은 가뭄에 마르지 아니하여, 내를 이루어 바다로 흘러가나니.)

근원이 깊은 물과 나무가 길게 오래간다는 시로 조선 왕조의 근원이 깊어 그 국운이 오래 유지되리라 염원하는 유명한 구절이다.

125장

천세千世 우희 미리 정定ᄒᆞ샨 한수漢水 북北에

누인개국累仁開國ᄒᆞ샤 복년卜年이 ᄀᆞᆺ업스시니

성신聖神이 니ᅀᆞ샤도 경천근민敬天勤民ᄒᆞ샤ᅀᅡ 더욱 구드시리이다.

님금하 아ᄅᆞ쇼셔 낙수洛水예 산행山行 가 이셔 하나빌 미드니잇가.

(천세 전부터 미리 정하신 한양 땅에, 어진 덕을 쌓아 나라를 여시어, 나라의 명운이 끝이 없으시니. 성스러운 임금이 이으시어도 하늘을 공경하고 백성을

부지런히 돌보셔야 더욱 굳으실 것입니다. 임금이시여, 아소서. 낙수에 사냥 가 있으면서 할아버지를 믿겠습니까?)[44]

이 장은 조선을 개국한 의의를 노래하는 총결사總結詞에 해당된다. 조상의 어진 덕으로 개국한 나라의 운수은 영원하리라는 국운國運의 송축에 이어, 왕조의 무궁한 발전을 위해 후대 임금들은 하늘을 공경하고 백성을 다스릴 때 게을리하지 말아야 한다는 것을, 하夏나라 태강太康의 사적을 타산지석으로 삼도록 권고하고 있다. '여민락' '치화평' '취풍형' 등 궁중 음악에도 활용되었던 이 장은 「용비어천가」 전체 내용을 함축하고 있다.

윤병천의 연구에 따르면 세종은 재위 28년(1446)에 자신이 이룬 '일대지악—代之樂'을 완성하고 옛 관례에 따라 그 이름을 '균화鈞和'라 했다. 다음은 2월 6일(갑진)의 조선왕조실록의 기록이다.

의정부에서 예조의 정문에 의거하여 아뢰었다. "예로부터 제왕이 공업을 이루면 음악을 마련하여 대대로 명칭이 있었습니다. 모두 그 이름이 있는데도 우리 조종에서는 홀로 음악 이름이 없으니 옛날과 다릅니다. 원컨대 이름을 '균화'라고 하소서" 하니 그대로 따랐다.

세종이 '균화'로 명명한 것은 '융안지악' '서안지곡' 등 아악의 정리와 정비를 하여 완성하고, 고취악과 향악에 바탕을 두고 제작된 '용비어천가' '정대업' '보태평' '발상' '봉래의' '취풍형' '치화평' '여민락' 등의 신악을 창제하고 나서 신악을 포함한 아악·당악·향악을 한데 갈무리함으로써 "조선 세종 때에 제정하여 쓴 음악을 통틀어 일컫는 말"이란 뜻의 '균화'를 명명했다 한다.[45] '균화' 선포 이후 이에 관한 기사가 실록에 거의 나타나지 않는데, 이는 천자라야 예악을 제정할 수 있다는 규칙에 따라[46] 제후국의 대우를 받는 조선이 명나라의 대성악과 다른 신악을 제정하고 당우삼대唐虞三代[47]의 옛 성군을 본받아 이 음악의 악명을 짓는다는 것은 매우 위험한 일이기 때문일 것으로 여겨진다. 실제 훈민정음을 제정함에 있어서도 많은 신하가 천자국의 문자를 두고 함부로 별도의 문자를 만들어 사용함은 예법에 어긋난다는 이유로 반대했던 것이다.

예악 정치의 근본인 황종율

세종이 예악 정비를 위해 가장 고심한 것은 무엇보다 황종율관의 제작이었다. 나라가 새롭게 세워지고 정치적 안정이 이루어진 뒤, 한 나라의 기초를 닦고 백성이 살아가는 지침을 마련하며 종묘사직을 만세에 길이 보전하는 일에 있어서 예악 정비에 우선하는 것은 없다. 그런데 제례 작악의 기본은 황종의 율관을 정하는 것이다. 그 많은 소리 가운데 어느 높이를 모든 소리의 기준으로 삼는가 하는 문제이며 이 소리의 기준이 다시 길이를 재는 도, 부피를 헤아리는 양, 무게를 다는 형의 기준이 되기 때문이다.[48] 그런데 고대부터 소리의 기준을 황종이라 했다. 황이란 흙의 색이며 흙은 중앙의 색이기 때문이다. 다시 말해 동양의 음양오행 사상에 의하면 동서남북 사방과 춘하추동 사시 등에 모두 오행을 배당하는데, 동쪽과 봄은 목이라 청색이요, 남쪽과 여름은 화로 보아 적색이며, 서쪽과 가을은 금으로서 백색이요 북쪽과 겨울은 수라 하여 흑색이다. 그러면 황색

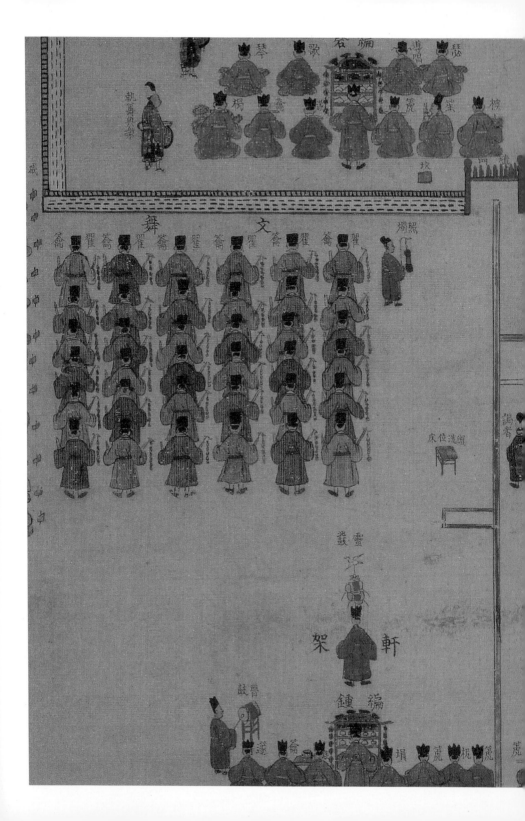

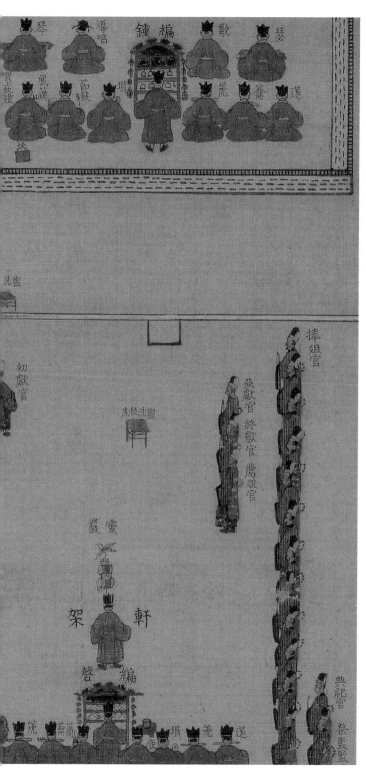

「사직단국왕친향도병」(제4폭),
비단에 채색, 각 폭 127.0×50.0cm,
19세기, 국립중앙박물관.
종묘와 사직에는 반드시 음악과 무용을
갖춰서 제사를 지냈다.

은 어디에 배당하는가? 황색은 오행으로 토인데, 이것은 사방의 중앙과 사계 사이사이에 걸쳐 있다고 여긴다. 즉 '자축인묘진사오미신유술해子丑寅卯辰巳午未申酉戌亥'의 12지는 음력으로 각기 11월에서 10월까지 해당되는데, 12월에 해당되는 축丑, 3월에 해당되는 진辰, 6월에 해당되는 미未, 9월에 해당되는 술戌의 네 간지는 토에 해당된다. 따라서 토는 3월, 6월, 9월, 12월 등에 해당되어 봄, 여름, 가을, 겨울 사이에 모두 들어간다. 그러므로 황색의 토는 사방과 사철에 모두 관계되는 기본이 되는 동시에 중앙의 색이 되어 어떤 중심이 된다. 그리고 종은 쇠북 종이니, 고대에 매우 귀중한 청동 기물이다. 이처럼 황종이란 매우 중심적이고 권위 있으며 소중한 물건이 되는 것이다. 따라서 도량형을 관장하는 척도를 황종율이라 이름한 것이라 여겨진다. 그러면 이 황종율을 나타내는 구체적인 척도를 어떻게 산출할 것인가? 이를 봉황의 울음소리를 표준으로 했다는 전설도 있지만, 실제로는 여기에 기장黍이 쓰였다.

이처럼 고대 동양 음악에서 척도의 기본은 황종척黃鐘尺에 있었고, 이것은 동양 음악의 기본이 되는 5음과 12율을 산출하는 율려의 출발점이기도 하다. 이 황종척의 길이를 정하는 근본은 천지자연의 기운을 받고 알맞게 자라난 기장의 길이를 기준으로 했다. 진양陳暘의 『악서樂書』에 따르면 "선왕先王이 악樂을 만드는 근본은 황종의 율에 있고, 성聲의 기본은 '기장을 쌓는 방법黍累之法'에 있다"고 밝히고 있다.[49] 그러면 과연 이 12율은 언제 누구에 의해 만들어졌는가?[50] 일단 전설적인 이야기로는 중국 인문의 시조라 추앙되는 황제 헌원씨에 의해 12율이 제정되었다 한다.[51] 그 뒤 중국에는 율관과 편종, 편경 등 팔음의 악기가 갖춰졌으나, 우리나라에는 자체 제작한 황종율관이 없다가 세종이 박연을 시켜 이를 제작하도록 했다.

박연이 드디어 밀랍을 녹여 해주의 기장 모양을 본떠 조금 크게 했다. 90푼으로 황종관을 만들고, 또 삼분손익三分損益하여 11율관을 만들었다. 한 달이 지나 세종 15년 1월 1일, 새로이 경磬 두 틀을 만들어 바치며 말하길 "중국의 경은 유빈이 임종보다 높고, 이칙이 남려와 같고 응종이 무역보다 낮아, 마땅히 높아야 할 것이 도리어 낮고, 마땅히 낮아야 할 것이 도리어 높아, 이제 새로 만든 율관으로 맞춰 고쳤습니다" 하니, 임금이 명하여 예전 경과 새로 만든 경 두 틀을 가져다 새로 만든 율관으로 비교해보고 전교하길 "새로 만든 경이 올바르다. 다만 이칙 소리가 어울리지 않으니 왜 그런가?" 하시니, 연이 자세히 살피고 아뢰길 "먹줄이 아직 남아 있으니, 다 갈아내지 않았기 때문입니다" 하고, 곧 이를 갈아 없애니, 소리가 어울렸다.[52]

전통 음악의 구성 원리를 역사적으로 고증하고 있는 우실하는 다음과 같은 다섯 가지 이유로 상나라(은나라) 시대에 이미 5음 12율이 제정되었다고 본다. 중요한 논점이 많으므로 그의 주장의 요점을 인용해본다.[53]

5음 12율의 산출이 기록상으로는 『관자管子』 「지원地員」에 처음 보이는 것이지만, 실제로 5음 12율을 산출하는 수리 체계는 상商나라(기원전 1600~기원전 1046) 시대에 이미 갖춰져 있었을 것이라고 추정된다. 추정의 이유는 아래와 같다.

此蘭溪朴公遺像

「박연초상」, 비단에 채색, 99.0×53.0cm, 조선 후기, 국립국악원.

첫째, 상나라에서는 1) 이미 갑골문이라는 문자가 사용되었고 2) 갑골문에서는 이미 10천간天干·12지지地支와 이 둘을 배합한 60간지가 사용되었으며 3) 1년은 12달이었고, 4) 월月과 일日을 이미 간지로 표기하고 5) 윤달의 개념까지 갖춘 정밀한 역법이 있었다.

둘째, 황종척의 두 가지 형식인 종서척縱黍尺과 횡서척橫黍尺을 만들 때 사용되었다는 '서黍'는 기장을 말하는데, 이것은 상대 갑골문에 보이는 곡식 중에서는 가장 많이 보이는 곡식이었고 상나라 사람들의 주식이었다는 점이다.

셋째, 상나라는 황하 중하류 지역을 중심으로 세운 나라로 샤머니즘에 입각한 나라였으며, 북방 샤머니즘의 사유 체계에서는 성수聖數 3과 3의 배수 특히 9가 상징적으로 중요시된다는 점이다. 이런 사유 체계에 기반해 1-3-9-81의 수 체계를 바탕으로 한 황종척黃鐘尺·황종수黃鐘數·황종대수黃鐘大數·삼분손익법三分損益法이라는 논리가 발전되었을 가능성이 높다는 것이다.

넷째, 상나라의 유적지인 온현溫縣에서는 편종류 악기로 분류되는 은요殷鐃가 3개 1조로 발굴된 바 있다.

다섯째, 중국 음악고고학의 대부인 이순일李純一은 허난 성 안양 은허 유적지에서 발굴된 1) 청동제 용庸 3개로 구성된 편용編庸 2) 석경石磬 3개로 구성된 편경編磬 3) 흙으로 구운 구형球形의 훈塤 등을 다른 은허 유적에서 발견된 악기들과 비교해 연구한 바 있다. 그는 이 연구를 통해 상나라 시대에 이미 5음 12율이 완비되어 있었을 가능성이 높다고 보고 있다.

이와 같이 12율의 제정은 적어도 상나라까지 소급된다. 여기서 필자는 황제의 일은 상고할 수 없고 아마 동이족에 의해서 요순시대 무렵에 12율이 정해졌다고 본다. 주나라의 학교에서 요·순·우·탕과 주공의 음악을 가르쳤고 공자가 순의 음악인 소韶를 듣고 감명했다는 『논어』의 기록이라든지, 『춘추』에 오나라 공자 계찰이 주나라의 여러 음악을 듣고 평하는 장면이 자세히 나오는 것 등을 고려할 때, 요순시대에 이미 12율이 있었고 그 기준이 되는 황종척이 있었다고도 생각할 수 있다. 왜냐하면 명확한 율려의 정비 없이 후세에까지 전하는 정제된 음악을 작곡할 수는 없기 때문이다. 그런데 순 임금이 동방을 순수함에 동쪽 임금에게서 율과 도량형을 정했다는 서전의 기록[54]은 순 임금이 당시 동이에게서 정율正律과 도량형을 배운 것이 아닌가 하는 의구심이 들게 한다.

이처럼 고대로부터 권위를 자랑해온 기장으로 황종율관 만드는 법은 비합리성을 이유로 과학적 사고와 자주의식에 눈뜬 조선 후기 실학자들에게서 비판받았다. 특히 담헌 홍대용과 오주 이규경은 그 선봉이었다.[55]

음악, 마음을 다스리다

4.
강호의 음악

"강호의 모래바람에 영욕을 잊고
어부가를 부르며 주자를 사모한다."

선비란 원래 수신 면학하여 명덕을 밝히고 청운의 뜻을 품고 세상에 나가 치국평천하의 대업을 완수하는 것이 꿈이요 사명이다. 그러나 이는 시운이 따라야 하고 또 시운을 거슬러서는 안 된다. 따라서 조정에 출사하여 도를 행할 수도 있고 초야에 물러나서 성정을 기를 수도 있다. 전자의 대표는 탕 임금을 도와 폭군 걸왕을 물리치고 상나라의 기업을 세워 한때 천하를 태평하게 만든 이윤이며, 후자의 모범은 누항에 거처하여 한 소쿠리의 밥과 한 표주박의 물로 연명하면서도 도를 즐기고 아무도 원망하지 않은 공자의 수제자 안회다. 그리하여 "이윤의 뜻을 나의 뜻으로 하고 안자의 배움을 나의 배움으로 한다志伊尹之志 學顔子之學"[57]는 허노재의 입언立言은 도학자의 좌우명이 되었다. 일찍이 맹사성이 '강호사시가'를 불렀고 퇴계와 남명이 청량산과 지리산에 은거하며 강호의 낙을 즐겼다. 그리고 예안에서의 퇴계 이황과 농암 이현보의 만남은 선비가 한거하는 강호가도江湖歌道 풍류의 한 전형을 만들어냈다.

선비 음악의 발달과 관련하여 안동은 빼놓을 수 없는 곳이다. 태백산에서 발원한 물줄기가 청량산을 만나 석벽 계곡을 따라 안동으로 흘러 내려가는데, 이 낙동강 상류는 물살이 힘차고 굽이도는 곳곳이 절경을 이루므로 과연 선비가 머무르면서 도덕을 함양하고 여유를 즐길 만한 장소다. 이곳을 중심으로 농암과 퇴계 두 현인이 강호에 은거하여 강류江流와 산월山月을 벗 삼아 독선기신獨善其身하고 영가자락詠歌自樂했는데, 그 풍도는 후세에 길이 영향을 주어 세상의 번뇌와 시비를 잊고 도를 즐기며 때를 기다리는 기풍을 진작했다. 이같이 선비가 유학의 정신을 바탕으로 강호에서 유유자적하는 풍취를 도남 조윤제 박사는 강호가도江湖歌道라 명명하며[57] 다음과 같이 논한다. "관계를 탈출한 가객들이 홍진에 막혔던 흉금을 강호의 맑은 공기로 깨끗이 씻어버리고 자연에 직면하야 음풍농월 자연의 경치를 실컷 완상하려는 것이 강호영가江湖詠歌인데, 이의 창도자라고도 할 이가 곧 농암과 면앙정 양옹兩翁이다. 양자는 남북 양방에 있어 우연히도 그 생활상에 많은 공통점을 가져 우리 시가사상에 실로 획기적이라고 할 강호가도를 수립했다."[58]

필자가 연구해보니 강호가도의 전통은 크게 세 가지 기능이 있다.

첫째, 세상의 부귀영화와 시비분별을 끊고 자연을 벗 삼아 유유자적하는 것.

둘째, 강호에서 수양하며 때를 기다리는 것.

셋째, 공부 많이 한 선비가 민초와 더불어 생활하며 온유돈화溫柔敦化한 가도歌道의 기풍으로 지역사회를 교화하는 것.

이처럼 강호가도는 안분자락安分自樂, 수신양성修身養性, 풍속교화風俗教

음악, 마음을 다스리다

면앙정. 강호영가의 창도자라 할 만한 면앙정 송순이 머물렀던 곳이다.

化의 세 가지 기능을 지녔고 그만한 의미가 있는 것으로 보인다. 강호가도
와는 조금 다르지만, 역시 구한말 만주에서 독립을 위해 삼족이 모두 헌
신한, 석주 이상룡 선생으로 유명한 안동 임청각의 옛 주인 허주 이종악의
선비 풍류도 빼놓을 수 없다. 그는 고고한 인품을 지닌 거문고의 명수였으
며 문학과 음악은 물론, 미술까지 포함하는 높은 경지의 예술세계에서 노
닐었다.

선비의 강호생활과 시가詩歌

중국이나 조선의 선비들은 등과登科·출사出仕하는 것이 가장 큰 과업이었지만, 벼슬살이를 하지 않고 초야에 거처할 때, 세속의 붉은 티끌을 멀리하고 물욕을 덜어내며 심신을 조촐히 했다. 독서와 농경과 교육에 정을 붙이기도 하며 수풀을 산책하고 명산을 유람하기도 한다. 호사스럽게는 선유船遊라 하여 몇날며칠 뱃놀이를 즐기는 일도 있었다. 이것이 선비의 길이요 처신이다. 세상에 나가서 천하에 도를 행하는 것도 어렵지만 초야에 물러나서 착하게 살며 도를 즐기는 것 또한 어렵다. 이 은둔의 도리는 『주역』건괘 초효 '잠용물용'에 대한 「문언전」의 설명에 잘 표현되어 있다.[59] 문제는 은자의 모습으로 살아가는 방법이다. 물론 산중에 칩거할 수도 시전市廛에 숨을 수도 전야에서 가색稼穡에 몰두할 수도 있지만, 단연 계변溪邊에 집을 짓고 흐르는 물에 동화하여 달과 바람과 새들로 벗을 삼는 것이 가장 우월했다. 이처럼 시골에 머물 때, 여러 형태로 은거의 도를 실천했지만, 대개 강호에 묻혀서 대자연과 하나됨을 체험하면서 담박하고 여유 있는 가도를 즐기는 일이 많았다. 이를 강호가도라 한다.

강호 어부사의 연원

강호에 은거한 이로서 기산 영수의 허유와 소부의 고사도 유명하지만, 강거江居의 오래된 자는 강태공이다. 그는 위수에서 10년 동안 낚시하며 때를 기다렸다. 춘추전국시대를 훨씬 지난 한나라 후기 광무제 시절, 엄광은 하늘같은 권력을 가진 일국의 제왕을 평교平交했다. 이렇게 그야말로 맹자가 말하는 '위무불능굴威武不能屈'을 과시한 엄광이, 부춘산富春山 칠리탄

음악, 마음을 다스리다

閒撫瑤琴
度曲遲
歸雲流水
若參差世
間休況
知音少明月

「탄금彈琴」, 성협, 33.2×33.3cm, 19세기, 국립중앙박물관.

「적벽선유도」, 종이에 엷은색, 43.0×58.4cm, 경남대박물관.

七里灘에서 낚시한 이야기는 후세에 길이 칭송되어 강호진락江湖眞樂의 연원이 되었다. 대복고戴復古의 다음 시는 엄광의 고사를 탄미한 명작이다.

조대釣臺

만사에 무심하여 낚싯대 하나뿐	萬事無心一釣竿
삼공 벼슬을 이 강산과 바꿀손가	三公不換此江山
평생에 그릇 유문숙[60]을 알아	平生誤識劉文叔
부질없는 이름, 세상 가득하게 했네	惹起虛名滿世間

조대는 엄자릉, 즉 엄광이 낚시하던 자리인데, 이 고사는 후세에 많은 화가의 화제畵題가 되었다. 세월은 흘러 광무제의 벼슬 제의를 거절하고 고고자립孤高自立하던 엄자릉의 시대를 지나, 다분히 낭만적인 왕조였던 동진東晉 시대가 되었다. 동진의 명필 왕희지王羲之의 「난정서蘭亭序」란 명문장에 수계사修禊事와 유상곡수流觴曲水란 문자가 나온다. 계禊의 원래 의미는 볏짚으로 벤 벼, 볏단, 푸닥거리, 목욕재계하다 등으로, 사람들이 모여 제사 등 힘을 합쳐 무언가 공적인 일을 하는 모습을 나타낸다. 아마 이날의 난정에는 산천제를 지내고 유상곡수하며 봄날의 정취를 만끽하고자 하는 현자들이 모였으리라. 한편 신라에서도 포석정 등에서 유상곡수를 즐겼다. 개울물이 굽이치며 흐르는 가운데 벗과 더불어 술잔을 띄워 인생과 자연을 완상하고 유유히 산수와 하나가 되는 유상곡수의 멋을 즐기는 건 동양인의 오래된 풍습 같다. 이 유상곡수의 모습은 1000년이 지나 안동 지

음악, 마음을 다스리다

방에서 농암과 퇴계 두 현자에 의해 재현된다. 이처럼 굽이굽이 돌아가는 물을 보며 나를 잊고 자연에 몰일하면서 세상사의 근심걱정을 일소에 부치며 유유자적하는 것은 명철보신하는 선비의 큰 즐거움이다. 그리고 여기엔 흔히 시나 노래가 곁들어지게 마련이다. 이상이 강호가도와 구곡도가九曲棹歌의 남상濫觴이라 하겠다.

왕희지 이후 세월은 다시 여류如流하여 당나라 시대에 들어와 다른 유형의 강호달인이 나타나 천고의 절창을 남겼으니, 그의 이름은 장지화張志和이며 노래는 '어가자漁歌子'다. 그는 도가道家에 속하는 인물로 강호에 자유롭게 노닐며 이 소박하고 자유로운 생활을 찬양하는 '어가자', 즉 '어부의 노래' 다섯 수를 지었다. 7·7·3·3·7의 자구로 되어 있는 사詞로서, 그 첫 수는 다음과 같다.

서새산 앞에는 백로가 날고	西塞山前白鷺飛
복사꽃 흐르는 물에 쏘가리는 살쪄 있네	桃花流水鱖魚肥
푸른 댓잎 삿갓에 녹색 도롱이	青蒻笠 綠簑衣
비껴 부는 바람과 가랑비에 돌아가지 않네[61]	斜風細雨不須歸

한 폭의 동양화를 보는 듯하다. 솔솔 부는 강바람과 부슬부슬 뿌리는 부슬비에 한 자루 낚싯대에 몸을 실어 세상의 부귀공명을 잊고 쇄쇄낙락하는 어부의 모습이 눈앞에 선하다. 중국 호주성湖州城 서쪽 서새산 앞의 청초호青草湖와 삽계만霅溪灣은 매일 자시子時와 오시午時에 두 번 조류가 흐르는데 그 유속이 빨라 쏘가리가 서식하기 좋은 곳이라 한다. 이곳에서

세속을 잊은 강호의 낙을 노래하는 그 풍도가 아주 멋있어 송나라의 소동파와 황산곡이 이를 계승하는 어부사를 지어 노래했다.[62] 이후 어부가는 뜻있는 선비들이 애송하며 즐겨 짓는 주제가 되어, "어부가의 세계는 곧 사대부의 세계"가 되었다.[63] 어부가는 남송의 주자를 거치면서 도학적인 기풍이 보태지고 구곡가九曲歌로 발전한다. 고려인들은 특별히 소동파의 시를 좋아했다. 소동파의 영향인지는 몰라도 우리나라에도 어부가가 크게 유행했는데, 고려의 관료들은 강호생활을 하지도 않으면서 어부가를 극히 좋아해 가창歌唱을 즐겼다. 특히 고려 말의 어촌漁村 공부孔俯(1352~1416)는 여가가 나는 대로 강호를 찾았으며 어부가를 짓기도 하고 선창善唱하기도 했다.[64] 그러나 어부가가 진정 강호생활 속에 도입된 것은 조선의 농암 이현보에 와서다.[65]

주자의 '무이도가武夷棹歌'와 구곡경영九曲經營

주자는 천하절경 무이산武夷山의 아홉 계곡 가운데 중심인 제5곡에 무이정사를 지어 도학을 연찬하면서도 강호의 도를 즐겼다. 유가의 학문을 대성하여 얻은 경지와 심회를 무이산 아홉 구비의 절경에 의탁하여 표현했으니, 이것이 '무이구곡가武夷九曲歌(무이도가)'라는 10수의 시다. 이 노래는 주자가 54세 때(1183) 무이산 은병봉隱屏峰 아래의 무이정사武夷精舍[66]에서 지은 시로서, 아홉 물 구비[67]의 경치를 자신의 도학과 연결했는데 절경 가운데 우유優遊하는 선비의 모습이 한 폭의 그림처럼 잘 그려져 있다. "뱃노래는 주자로부터 시작된다棹歌首唱自朱子"는 말이 실감나는 강호가도의 효시라 할 수 있다. 매우 아름답고도 격조가 높아 주자가 성취한 철

음악, 마음을 다스리다

학과 예술의 경지를 짐작케 한다.

조선 선비의 구곡원림 경영

조선의 성리학자들은 주자를 매우 존숭하여 그의 삶과 학문을 깊이 파고들었을 뿐만 아니라 이를 자신들의 삶 속에서 구현하려 했다. 이러한 성리학자들의 의지가 주자의 무이구곡을 본받아 구곡원림九曲園林을 경영하고 구곡시九曲詩를 짓고 구곡도九曲圖를 그리는 형태로 나타났다. 조선의 성리학자들은 이 같은 행위를 통해 주자의 삶을 영위하려 했고 이로써 주자의 사상과 문학을 본받으려 했다. 구곡원림의 경영과 구곡시가 창작의 시조는 밀양 출신의 박귀원朴龜元(1442~1506)이다. 그의 고야구곡古射九曲 원림은 최초의 구곡원림이고 '고야구곡가古射九曲歌'는 한국 최초의 구곡시다. 소요당逍遙堂 박하담朴河淡(1479~1560)이 그다음인데, 박하담은 중종 31년(1536)에 경북 청도의 운문산雲門山을 비롯한 동창천東創川 일대의 빼어난 승경을 운문구곡으로 경영하면서 '운문구곡가'를 지었다. 그리고 비슷한 시기에 퇴계가 주자의 '무이구곡가'에 응하여 '한거독무이지차구곡도가운십수閑居讀武夷志次九曲櫂歌韻十首'를 지었고, 율곡도 고산구곡高山九曲을 경영하면서 '고산구곡가'를 지었다.[68] 율곡의 '고산구곡가'는 우리말로 쓰인 연시조의 형식을 취한 점이 돋보인다.

농암 이현보의 강호가도

영남가단嶺南歌團, 특히 안동의 강호가도는 농암 이현보를 비조로 한다. 물론 유학의 특징상 강호에 물러나 안분자락하는 전통이 이전에도 많았

「무이구곡도」,
이방운, 종이에 엷은색,
31×41.5cm,
건국대박물관.

「주자초상」, 전 최북, 비단에 채색, 1773년경, 운곡서원.

지만, 농암이야말로 강호에 물러나와 시가를 즐기며 일대의 선비가 멋있게 늙어가는 모습을 뚜렷이 보여주었고 후세에까지 영향을 미친 한글 시가를 남겼던 것이다. 농암의 귀거래와 강호자락은 인간지락과 임천지락林泉之樂을 겸한 것으로서 영남 강호가도의 창달에 선도적이며 모범적인 역할을 했다. 농암은 부귀와 수복壽福과 학문과 도의와 풍류를 두루 갖추어 당나라 곽자의郭子儀에 견주어진다. 금계錦溪 황준량黃俊良은 그 손녀사위이고 시를 주고받은 인물만으로도 이우, 이해, 김안국, 박상, 정사룡, 주세붕, 권벌, 이언적, 이자, 어득강, 소세양 등 당대 명사들을 골고루 사귀었으며, 특히 퇴계와 주고받은 시문이 많다. 시에 능했고 강호에 물러난 이후 농암 시가의 품격은 '청신淸新' '한적閑寂' '자연自然'이었다고 이민홍은 평가한다. 퇴계도 "근세의 명경名卿으로 복덕을 겸하고 능히 만절晩節을 온전히 한 이로 공을 앞설 사람이 없다"고 했다.[69]

　농암의 강호 시가 가운데 특히 '농암가' '귀전' '어부 장가' '어부 단가' 몇 편이 강호가도의 선구를 이루는 작품들이다. 흔히 강호의 시흥을 한시로 많이 표현하는데 국문체를 사용함으로써 더욱 빛나, 온유돈후한 강호 한정이 넘쳐난다. '어부사'는 퇴계가 어릴 적 한번 듣고 내내 듣고 싶어한 노래였는데, 금계 황준량이 그 악보를 구해왔기에 이를 농암에게 보이고 함께 개작을 의논했다고 한다. 농암의 '어부단가'는 5장인데,[70] '어부장가'가 9장인 것은 주자의 '무이구곡가'에 응한 것으로 보인다. 수헌壽軒 이중경李重慶의 '오대어부가梧臺漁父歌' 구곡과 오장五章도 가까이 농암의 영향을 받았고 멀리 주자에 응한 것이다.

한국에서 강호시가의 발달

농암이 '어부가'를 지을 무렵 퇴계 역시 도산陶山에서 66세경에 유명한 '도산십이곡陶山十二曲'을 지었다. 조선조 선비들이 한문으로 된 시를 읊고 글을 쓰는 것은 그야말로 다반사였다. 이에 더해 평생 한두 수의 시조시時調詩를 짓곤 한다. 그런데 퇴계는 2000여 수에 육박하는 방대한 한시를 지은 것 외에, 순수한 우리말로 된 12곡曲의 연작시를 지어 고불 맹호연과 농암 이현보의 강호시가 전통을 이어받았다. '도산십이곡'은 전前 6곡은 뜻을 말했고 후後 6곡은 배움을 말한 연시조다.

이쯤에서 한국에서의 강호시가의 발달 과정 전체를 조망해보고자 한다. 이를 어부가 계통과 구곡가 계통으로 대별할 수 있는데, 우선 어부가 계통으로는 고려 진각국사 혜심의 어부사가 있다. 장지화의 '어가자漁歌子'를 모창한 송사 형식인데, 선시禪詩풍이 있어 그 격이 매우 높으며 고려 시절 실제로 가창된 것 같다. 다음 고려 공부孔俯는 어부가를 선창한 것으로 유명한데, 이것이 악장가사에 실린 '어부가'로 추정된다. 조선시대의 어부가 계통의 시가는 주로 남인 계열에 의해 유행했는데, 농암 이현보의 '어부장가' '어부단가'와 여기에 부친 퇴계의 '서어부가후書漁父歌後'(『농암집』 권3 '가사歌辭')가 있고 이중경의 '오대어부가'(장가구곡長歌九曲, 단가오장短歌五章)를 거쳐 고산 윤선도의 '어부사시사漁父四時詞'에 이르렀다. 고산의 '어부사시사'는 국어체로 된 발군의 명작이다.

어부사시사

동풍이 건듯 부니 물결이 고이 인다.

돛 달아라 돛 달아라

동호를 돌아보며 서호로 가자스라.

지국총 어사와 지국총 어사와

앞뫼는 지나고 뒷뫼는 나아온다. (봄)

연잎에 밥싸두고 반찬을랑 장만 마라.

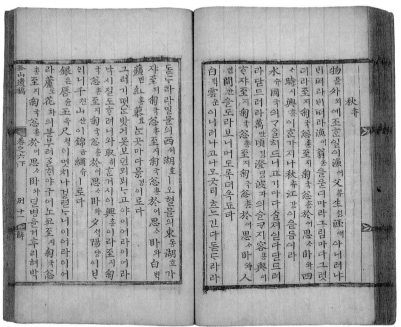

「어부사시사」, 『고산유고』, 윤선도, 31.0×21.5cm, 국립중앙도서관.

닻 들어라 닻 들어라

청약립은 써 있노라 녹사의綠蓑衣 가져오느냐.

지국총 지국총 어사와 어사와

무심한 백구는 내 좇는가 제 좇는가. (여름)

수국의 가을이 오니 고기마다 살져 있다.

닻 들어라 닻 들어라

만경징파萬頃澄波 슬카지 용여하라.

지국총 지국총 어야디야 어야디야

인간을 돌아보니 멀도록 더욱 좋다. (가을)

간밤에 눈 갠 후에 경물景物이 달랐고야.

이어라 이어라

앞에는 만경유리 뒤에는 천첩옥산.

지국총 지국총 어사와 어사와

선계仙界인가 불계佛界인가, 인간이 아니로다. (겨울)

그 뒤 역시 음률에 밝았던 병와 이형상의 '창부사㑒父詞'(성고구곡城皐九曲)와 피리의 명수였던 경산京山 이한진李漢鎭의 '속어부가'가 어부가의 전통을 이었다. 그리고 비원肥園 박규순朴奎淳은 '도가 팔장棹歌八章'을 지어 도산유곡陶山遺曲을 계승한다고 자부했다.

한편 구곡가와 강호시가 계통으로는 유명한 '상춘곡'과 고불 맹사성의

음악, 마음을 다스리다

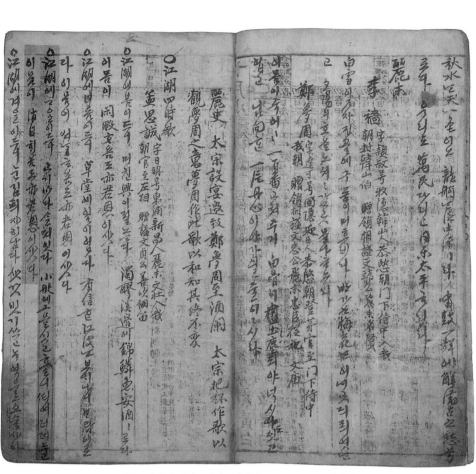

「강호사시가」, 『청구영언』, 맹사성, 28.5×15.4cm, 장서각.

'강호사시가', 김구의 '화산별곡花山別曲'을 거쳐 면앙정 송순의 '면앙정가俛仰亭歌'가 이름을 얻었다. 호남가단湖南歌壇을 연 송순宋純(1493~1583)은 성격이 너그럽고 후했으며 특히 음률에 밝아 가야금을 잘 탔고 풍류를 아는 호기로운 재상으로 일컬어졌다. 교우로는 신광한, 성수침, 임억령, 나세찬, 이황, 박우, 정만종, 송세형, 김윤제 등이 있고, 문하 인사로는 김인후, 임형수, 노진, 박순, 기대승, 고경명, 정철, 임제 등 천하의 준재들을 배출했다. 면앙정을 지은 회포를 담은 다음의 시조는 매우 유명하다.

십 년을 경영하여 초려 한간 지어내니
반간은 청풍이요 반간은 명월이라
강산은 드릴 데 없으니 둘러두고 보리라

이 면앙정은 송순이 87세 되던 해, 과거급제 60돌을 기념하는 회방연回榜宴이 개최된 곳이며, 당시 송강 정철과 백호 임제 등 제자들이 스승을 손가마를 태워 모셔간 일로도 유명하다. 그리고 퇴계는 '도산십이곡'과 그의 음악관을 살펴볼 수 있는 '도산십이곡' 발문을 남겼고 율곡은 '고산구곡가高山九曲歌', 송강 정철은 '성산별곡'과 '관동별곡'을 지어 일세를 진동했으며 노계 박인로는 '선상탄船上嘆' '입암별곡' '입암이십구곡立巖二十九曲' '누항사陋巷詞'와 '영남가嶺南歌'를 남겼다. 이처럼 선비들이 구곡가와 강호가를 많이 짓고 노래하는 풍조가 만연하여 조선 초기 조정과 궁중을 중심으로 수행되던 정통 아악의 수용이 그 성장을 멈추고 문학과 음악의 경계를 넘나들면서 선비 중심의 강호가도로 발전해나갔다. 그러다 실학시대로 접

음악, 마음을 다스리다

가야금, 162.0×25.8cm, 조선시대, 청주대박물관.

「성산별곡」, 『송강가사』, 정철, 31.4×18.4cm, 동국대 도서관.

어들자, 음악활동의 중심 공간이 서서히 풍류방으로 옮겨갔다. 여기에는 정치, 경제, 사회, 문화 전반에 걸쳐 그 변동 요인이 많겠지만, 시조와 가사 문학의 발달이 자연히 이를 노래로 담아내는 새로운 음악의 발달을 촉진시키는 이치도 있다.

음악, 마음을 다스리다

5.
풍류방의 선비 음악

"거문고와 노래로 산과 물을 닮는
풍류를 즐기다."

18세기를 천재의 세기라고 했던가? 서양에서 18세기는 계몽의 시대였다. 종교에만 의지하고 인간의 능력을 작게 여겼던 중세의 암흑시대가 십자군 전쟁으로 서서히 깨어나고 상공업과 도시의 발달로 시민의식이 자라나다가, 마침내 1789년 프랑스 대혁명이 일어나 구체제Ancient Regime가 무너지고 민주주의 정부가 탄생했으며 인간 이성의 무한한 잠재 능력과 밝은 예지를 인정하게 되었다. 그리하여 인간은 이성의 빛으로 세계가 존재하고 움직이는 법칙을 알아내고 이해할 수 있다고 믿게 되었다. 이성은 합리적 사고를 할 수 있으므로, 인간 내면에 간직하고 있는 이성의 빛을 밝힌다면 그 빛으로 모두가 평등하게 잘 살 수 있는 좋은 세계를 만들 수 있을 거라 생각하게 되었다. 이것을 '계몽주의의 기획Enligtment Projet'이라고 하거니와, 이 이성주의를 제창하고 세계 개조의 새로운 사상과 기술을 창조한 천재들이 각 방면에서 속출했다, 예를 들면 볼테르, 몽테스키외, 루소[71], 로크, 맬서스, 애덤 스미스[72] 등의 정치·경제·철학 사상가가 민주주의 시대를 여는 뛰어난 사상과 저술을 남겼고, 바흐, 헨델, 하이든, 모차르트, 베토벤, 슈베르트 등의 음악가가 새 시대의 정신을 담아 주옥같은 명곡을 작곡했다. 이들은 모두 18세기에 태어나거나 활동했다. 그리고 현재 전 세계를 주도하는 서양의 과학혁명도 뉴턴과 베르누이가 활약한 18세기에 본격화되었다. 1769년 제임스 와트가 개량된 증기기관을 발명했고 방적기가 만들어졌다. 이처럼 18세기는 계몽주의의 시대로서 산업혁명과 과학혁명이 일어났으며 고전주의와 낭만주의의 예술이 꽃을 피운 시대였다. 그리고 낭만이 넘치는 '질풍노도Sturm und Drang'의 시대였다.

비록 동서가 구만리라 하며 조선이 은자의 나라라 하지만, 인류 역사의 도도한 물결은 극동에도 여울을 만들었는지, 18세기 조선 사회는 실학이 꽃을 피운 역시 질풍노도의 시대였다. 실학은 17세기의 태동기[73]를 거쳐 18세기에 이르러 본격화되었다. 조선 후기를 빛낸 영·정조의 황금시대가 18세기에 걸쳐 펼쳐졌으니, 영조는 1724년부터 1776년까지 52년 동안을 군위에 좌정했고 정조는 1776년부터 1800년까지 24년 동안 조선을 통치했다. 널리 알려져 있듯이 조선의 실학은 성호 이익을 종사로 하는 경세치용학파, 연암 박지원을 중심으로 하는 이용후생학파, 추사 김정희를 대표로 하는 실사구시파의 셋으로 나눠 고찰할 수 있으며, 그 집대성자는 당연히 정약용으로 본다. 그러나 이수광의 『지봉유설』과 이덕무의 『청장관전서』를 계승한 이규경의 『오주연문장전산고』도 또 하나의 웅장한 집대성으로서 백과전서파의 거작이라고 할 수 있다.

18세기에 이르러 봉건의식이 상당히 붕괴되면서 모화주의를 극복하는

음악, 마음을 다스리다

민족주의가 대두되었다. 민족 문화의 정체성을 확립하는 연구가 시작되고 이기론 중심의 성리학에서 벗어나 도탄에 빠진 민생의 어려움을 구제하며 실제로 생활에 응용될 수 있는 학문이 등장했다. 특히 음악 분야에는 국악사의 큰 마루를 이루는 사건이 일어났으니, 그것이 바로 '영산회상'과 가곡·가사를 즐기며 예술적 삶을 영위해간 선비의 풍류방 문화다. 그러는 한편 어려운 삶을 살았던 민초들의 애환과 예술성이 극대화된 산조와 판소리라는 민중 음악이 이 시기에 태어났다. 박지원, 박제가, 홍대용, 정약용, 이규경 등 실학의 대가들은 음악의 가치를 매우 높이 평가했으며 실제 연주활동이나 악서를 저술했다. 김성기 같은 인물에 의해 신곡이 만들어지고[74] 양악기가 소개되기도 했다. 김성기, 유우춘, 송실솔처럼 훌륭한 연주가가 나왔고 민족 정서에 맞으면서도 문학과 철학, 예술과 인생을 절묘하게 노래한 많은 작품들이 계속 계승되고 작곡되며 애창되었다.[75]

원래 조선시대 궁중에서 연주된 음악은 고려로부터 내려온 향악과 당악,[76] 송나라에서 가져온 아악, 세종이 작곡한 신악 네 종류였다. 이 음악들은 임금이나 왕비, 세자의 생일이나 정초의 군신 간의 상견례, 중국의 사신의 접빈례, 군대의 출정 격려 등의 각종 연회나 의례, 종묘나 문묘에서의 엄숙한 제향 등에 쓰였다. 그러므로 그 규모가 크고 화려하여 일반인이 흉내낼 수는 없었다. 따라서 정악의 취지에 바탕을 두되, 수신과 여가 선용 등을 위해 선비들이 익히고 연주하는 음악이 따로 필요했다. 그 전형은 공자와 주자에 두면서. 이렇게 하여 발달한 것이 풍류방에서의 '영산회상'과 가곡이다. 먼저 거문고와 선비의 애정관계를 살펴보자.

『창랑보』, 42.0×52.0cm, 1779, 유교문화박물관.
강포 류흥원이 필사한 거문고 악보로 영산회상과 여민락 등 조선 후기 양반들이 즐겨 타던 악곡들이 수록되어 있다.

거문고에 도가 있다

거문고는 일명 현금玄琴이라 하고 왕산악이 동진東晉의 칠현금을 개량한 것이라 하는데, 오동나무와 밤나무를 붙여서 만든 울림통 위에 명주실을 꼬아서 만든 6줄을 매고 술대로 쳐서 소리를 낸다. 『삼국사기』에 그 제작과 악곡의 전승 과정이 비교적 자세히 기록되어 있다. 소리가 깊고 무게가 있어 예로부터 '백악지장百樂之丈'이라 일컬어지며, 도를 닦는 선비들에게서 사랑을 받았다. 거문고 금琴은 '금지한다'의 금禁과 통하니, "삿된 마음이 일어나지 않도록 경계한다禁之邪心也"의 뜻이 담겨 있어 수양의 악기다.

거문고의 이름은 검은 학이 실제로 와서 춤을 출 수도 있겠지만, 현금玄琴 곧 현묘한 소리를 내는 악기라는 뜻이 반영된 듯하다.77 또는 고구려를 보통 중국에서는 고려라 했고 가오리라 불리니, 가오리고→감고→검고→거문고로 변천되었을 수도 있다. 고구려의 악기인 거문고는 신라에 전해져서 옥보고玉寶高, 속명득續命得, 귀금貴金을 거쳐 안장安長·청장淸長과 극상克相·극종克宗 형제 등의 계보로 전승되었다. 지리산의 옥보고로부터 약 1세기가 지난 극종 이후에 거문고 연주가 널리 보급되어 대중화되었다. 거문고는 비록 연주법은 다르지만, 그 무게감으로 중국의 금슬과 대비된다. 공자의 아취를 본받아 선비들이 거문고로 감정을 추스르고 현묘한 마음의 경지를 표현하기도 했고 때를 못 만난 울분을 씻는 도구로도 삼았다.

거문고의 유래를 중국의 금琴으로 거슬러 올라가 살피면, 참으로 많은 이가 이 악기를 통해 심신을 쉬게 하고 오묘한 도의 세계를 엿보았다. 순 임금이 오현금을 노래한 '남훈태평가'는 동아시아 역사 내내 흠모의 대상

석탄금石灘琴, 길이 160cm, 너비 20cm, 1618, 국립광주박물관.

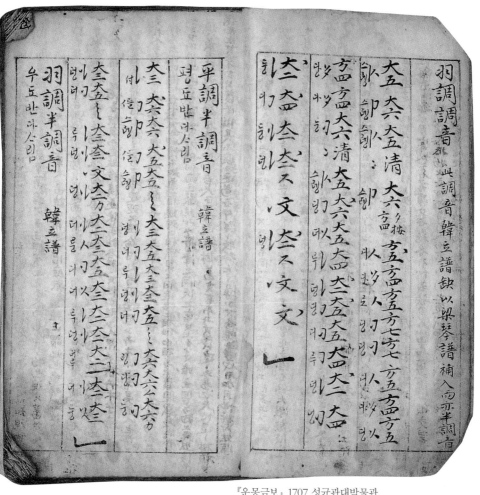

『운몽금보』, 1707, 성균관대박물관.
거문고 악보로 운몽거사 한립의 악보를 저본으로 삼아 몇 가지를 가감해 편찬했다. 조음과 북전北殿, 중대엽, 삭대엽, 회입조 등을 가사 없이 구음과 합자보로 병기했다. 조선 후기 음악사 연구에 중요한 단서를 제공해준다.

琴歌古壇
孔子出魯東門過古
壇歷階而上顧謂子
貢曰茲藏文仲誓盟
之壇也睹物思人命
琴而歌曰暑往寒來
春復秋夕陽西下水
東流將軍戰馬今何
在野草閑花滿地愁

「금가고단琴歌古壇」, 종이에 엷은색, 33.0×54.0cm, 1742, 국립중앙박물관.
공자가 옛 단상에서 금을 타며 노래하는 모습.

物枕尾劉一回州
汀波尙一蓬塞一垂柱撓
糧・水釣響釣路歡美
苦釣釣漁汀友乎
楊田无八源

『낙파필희』중 제2첩, 「연자멱시도」, 이경윤, 종이에 엷은색, 27.0×27.0cm, 경남대박물관.
거문고 하나 끼고 마련한 작은 집 주변 풍광들을, 몸속에 새겨넣으면서 살았던 선비의 풍모를 보여준다.

撥鬘覓詩苦驅馳
身窵濛柳徑吹不
覺氷剛橋西東

이었고[78] 공자의 탄금과 현가絃歌는 『논어』와 그 외 문헌에 자주 등장한다. 『논어』에 공자의 큰 제자인 자유子游가 무성武城을 다스림에 백성의 현가絃歌 소리가 고을 곳곳에 들리니, 공자께서 "닭 잡는 데 소 잡는 칼을 쓰는구나" 하며 농담한 일도 있다. 음악의 시행을 궁극으로 하는, 일국을 다스릴 예교禮敎가 이 조그마한 도시에서 시행되니, 참으로 대견하기도 아쉽기도 하다는 말이었다. 예악 정치를 아는 제자가 대견스럽고 이 좋은 예악의 도가 천하에 행해지지 않는 것이 아쉽다는 뜻이 내포되어 있다.

다음은 전국시대의 일이다. 자신의 음악을 이해하던 유일한 벗인 종자기鍾子期가 죽자 백아伯牙는 그토록 사랑하던 악기인 금의 줄을 끊고 그 뒤 다시 연주하지 않았다는 백아절현伯牙絶絃의 고사가 있으니, 지금도 중국 후베이 성 우한 시 양쯔 강 강변에는 그들이 거문고를 뜯으면서 높은 음악의 경지를 논하던 고금대古琴臺가 남아 있다.

삼국 시절에 들어서면, 강동의 주유 역시 금의 명수였고 음률을 알아, 기녀들이 조금만 음정이 틀리게 연주해도 돌아보았다고 한다. 제갈공명이 문관 몇 명과 동자들만 데리고 성문을 활짝 열어둔 채 텅 빈 성루에 앉아 금을 다스림에 한 치의 실수도 없고 마음의 평정도 잃지 않아, 역시 음률을 아는 적장 사마의가 의혹과 두려움을 일으켜 마침내 십만 대군이 제대로 된 군사 하나 없이 텅 빈 성을 공략하지 못하고 달아난다는 이야기가 『삼국지』에 나온다.[79]

주자는 항상 금琴을 가까이했으며 격조 높은 금명琴銘을 남겼다.[80] 우리나라에 와서도 백결 선생과 옥보고로 유명한 신라시대는 물론, 고려를 지나 조선시대에 들어와 거문고는 더욱 선비들의 애호를 받았다. '슬기둥

음악, 마음을 다스리다

둥~둥 당~덩' 하는 거문고 소리를 들으면 정신이 밝고 평안해지며 주변의 기운이 맑아지므로 선비들은 공부를 하다가도 가끔 거문고를 타며 피로를 풀고 심신을 맑게 했던 것이다. 『악학궤범』을 쓴 성현成俔은 거문고를 배우러 이마지 등 갖은 명인을 역방했고 송도의 서경덕은 무현금을 노래하기까지 했다. 퇴계와 율곡의 시에도 거문고를 타는 표현이 수시로 나타난다. 송강 정철도 거문고를 무던히 좋아했으며 다산 정약용은 금슬이 군자의 몸을 잠시라도 떠날 수 없다고 했다. 숙종·경종조의 어은漁隱 김성기金聖基는 거문고 명수로 이름이 높다. 김성기가 거문고를 타고 김천택이 노래를 부르면 그 청아한 합주 소리는 참으로 격조가 높았다 하는데 이제 어디서 그런 음악을 들을 수 있을까?

과연 선비 음악의 일품은 거문고를 타며 노래(가곡)를 부르는 것이다. 지금은 이 모습을 거의 볼 수 없지만, '공자의 현가고금孔子弦歌鼓琴'이라는 게 바로 이 탄금가창彈琴歌唱하는 모습이 아닐까? 조선시대 선비의 풍류라 함은 바로 거문고를 중심으로 연주하는 거문고 회상의 줄풍류와 거문고와 관현악을 반주로 하는 가곡창歌曲唱이었다(거문고, 가야금, 해금, 대금, 피리, 단소, 장고 등 합주). 다만 가곡은 음악성이 높아 중인 계층의 전문 가객이 출현했고 기녀 신분의 여류 명창도 속출했다. 가곡은 반드시 시조시를 노래하므로 명작의 시조가 있으면 그 노래도 빛난다. 선비와 어울려 풍류를 함께한 이는 곧 기녀들이다. 송도 명기 황진이의 거문고와 노래가 아주 유명하거니와 부안 명기 매창梅窓도 거문고와 노래로 장안까지 명성을 떨쳤는데, 이름난 시인인 유희경劉希慶과 정분을 나눈 나머지 임란 뒤 헤어진 그를 그리워하는 유명한 시조를 남겼다.[81]

「후원유연(後園遊宴)」, 김홍도, 52.8×33.1cm, 국립중앙박물관.
바위 그늘이 있는 후원에서 한 선비가 거문고 연주를 하고 있다

한편 시조와 함께 조선시대의 국문학을 수놓았던 가사문학도 '12가사'라는 성악 명곡을 낳았다. 선비의 노래는 가곡 및 가사의 발달과 함께 가곡을 쉽게 한 대중적인 시조창으로 널리 보급되었다. 대원군은 운현궁에서 당대의 선가善歌인 하준권, 하순일, 박효관을 불러 '죽지사' 등의 가사의 박자를 맞추며 놀았다고 한다.[82] 그러나 가사와 시조창은 거문고가 쓰이지 않으므로 가곡에 버금가는 대우를 받는다. 이처럼 궁중 음악인 아악雅樂이 의례적이고 종교적인 음악으로 굳혀짐에 따라 사대부 층을 비롯한 재야의 선비들은 현가고금, 곧 노래와 거문고로써 수신의 명품을 삼았다. 조선시대 탄생한 많은 금보琴譜와 가집歌集은 이 사실을 입증한다.

이상 선비들이 즐긴 음악을 정악正樂이라 한다. 선비의 정악 연찬은 조선 후기에 분연히 일어난다. 중국 고대 사대부士大夫 계급이 향유한 아악이 의례에 수반된 것이라면 조선 후기 선비들이 향유한 정악은 의례와 관계없다. 아악은 음악(기악, 성악)과 무용이 종합된 것이고, 정악은 음악(기악, 성악)에만 한정된 것이다. 조선 후기에 정악이 등장한 배경은 기본적으로 유교 이념에 있지만, 실학자들이 음악에 관심이 깊었던 것과, 임진왜란 이후 군영 음악 문화의 성립 등을 들 수 있다한다. 조선 후기 실학자들은 진한 이전의 고대 유학으로 돌아가야 한다는 기치 아래 음악을 중시하고 실제 음악과 관련된 저술과 연주를 했다.[83]

거문고를 가까이하는 선비의 음악적 극치는 무현금의 연주다. 그러나 이는 도학자들에게나 가능할 일일지 모르며, 조선 후기에 접어들면서 중인층과 전문 율객이 함께 계를 짓고 풍류방에서 '영산회상'을 즐기기 시작했다. '영산회상'은 당초 '영산회상불보살靈山會相佛菩薩'을 찬송하던 불교의

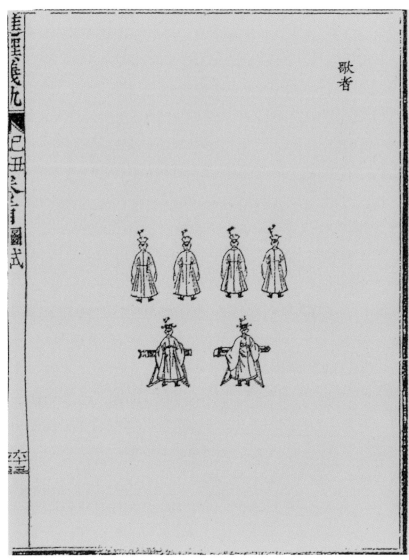

『순조기축진찬의궤』 권수 「도식」 '가자歌者'.

「임인진연도병」 제6폭에서 네 명의 민간 가객이 노래하는 장면,
국립국악박물관.

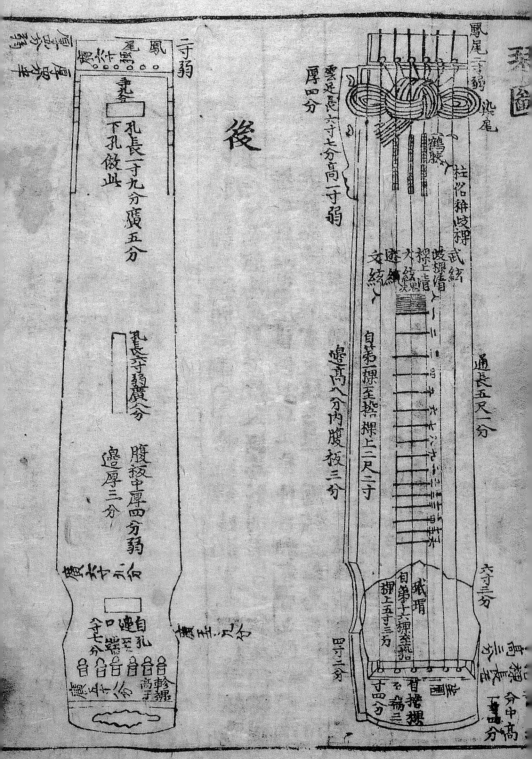

金玉叢部

歌曲源流 讄政齋 讀錄

詩三百五篇商周之歌詞也具言止乎禮義聖人刪取以爲經周衰鄭衛之音作

詩之聲律廢矣漢興制氏猶傳其鏗鏘至元成間倡樂大成貴戚王侯定陵富

平外戚之家淫侈過度與人主爭女樂而制氏旳傳遂泯絕無聞焉文遂詠載樂

府詩曰志所載磴石等當旳古樂府旳載其三一百秦漢以下之歌舞也其源出於

鄭衛蓋一時文人有旳感發隨世俗容態而有作也更五胡之亂北方分裂歿元魏

高齊宇文氏之周咸以我狄強種擾中夏故其遍謠雜操華夷殽亂

促嘲俚俗下無復韶武之聲律不傳周武帝時龜玆琵琶工蘇祗婆音始

言七均半洪鄭譯因以演之八十四調始見萠芽唐張文收祖孝孫討論郊廟

之樂其數於是乎大備逮于開元天寶間君臣相與爲淫樂而明皇又瀚於

夷音天下薰然成俗於是乎士始依樂工拍担之聲被之辞句之長短各

一

『금옥총부』, 안민영, 규장각한국학연구원.

성악곡이 기악화한 곡으로 모두 9개의 모음곡으로 이루어져 있다. 근본이 되는 '상영산上靈山'은 지극히 깊이 있고 아름다워 저 유명한 순 임금의 소악韶樂이 이 정도였을까 상상케도 하는, 한국이 자랑할 불후의 명곡이다.

현행 '영산회상'에는 가사로 노래하던 상영산에서 파생한 '중영산中靈山' '세영산細靈山' '가락덜이'가 있고 나중에 추가된 '삼현三絃 도드리'와 그의 변주곡인 '하현下絃 도드리' '염불 도드리'가 있으며, 명랑한 타령打令과 장엄한 군악軍樂이 연결되어 있다. '영산회상'은 악기편성과 선율 형태, 연주 방법에 따라 거문고회상(현악영산회상), 관악영산회상, 평조회상 등 세 가지가 있다. 현악영산회상은 도드리, 천년만세 등과 결합하여 여러 형태로 연주된다.

15세기 중엽에 합설무의 음악으로 처음 생겨난 궁중 '영산회상'은 불교 가사로 부르는 노래와 결합된 관현악곡이었다. 참고로 '영산회상'이라는 말이 문헌에 처음으로 나타난 것은 15세기 말에 간행된 『악학궤범』에 서다.[84]

그러던 것이 17~19세기에 와서 궁중의 여러 무용작품의 반주음악으로 더욱 널리 적용되었을 뿐 아니라 순수 관현합주와 중주 및 독주 등 각이한 양식의 독자적인 기악곡으로도 널리 연주 보급되면서 좀 더 많은 새로운 악장들이 첨가되었으며 원곡에서 파생한 수많은 변주곡이 탄생했다. 영산회상곡은 시조와 달리 북한에서도 다음과 같이 높은 평가를 받고 있다. 북한에서는 시조는 느려서 한가한 사람들이나 즐겼다며 평가절하하고 주로 노동요를 높이 평가한다. 다음은 북한의 리차윤의 설명이다.

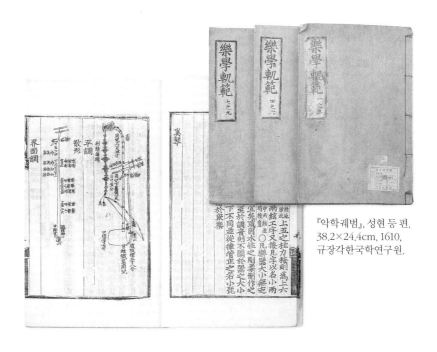

『악학궤범』, 성현 등 편,
38.2×24.4cm, 1610,
규장각한국학연구원.

"'령산회상'은 17세기 이후 근대에 이르기까지 우리나라 민족 음악의
전 영역을 포괄하여 널리 보급되어온 것만큼 그 영향력이 매우 컸으며
또한 중세기 기악곡 유산에서 가장 으뜸가는 자리를 차지하고 있다. 실
제상 과거 우리나라 민족 기악 연주가들은 모두가 '령산회상' 곡을 필
수적으로 습득해야 할 가장 중요한 곡목으로 간주해왔을 뿐 아니라 연
주활동에서도 가장 많이 이용했다. 그리하여 '령산회상'은 중세기 우리
민족 기악의 가장 대표적인 종류 및 양식으로서 우리나라 민족 음악의
발전에 크게 이바지했다."[85]

노래하는 선비

시와 노래와 음악은 서로 밀접한 관계에 있다. 원래 말을 길게 뽑는 노래는 시와 동의어다. 그러나 단순한 민요나 동요 수준을 벗어나 상당한 예술성이 가미되면 음악이 된다. 전통으로는 만대엽에서 발달한 가곡歌曲이 이에 해당된다. 전주곡에 해당되는 대여음과 간주곡인 중여음이 있고[86] 관악기와 현악기가 합주하는 기악반주가 합해져 매우 정제되고 조화로운 음악을 연주하기 때문이다.

공자는 현가를 즐겼고 또 제자들에게 가르쳤는데, 금을 타며 노래하는 상당한 수준의 음악활동이다. 현가는 곧 시가詩歌라 할 수 있다. 시가는 시를 노래하는 것이라, 오늘의 개념으로는 문학적인 시와 동요, 건전가요, 현대가곡 등이 포함된다. 옛 선비는 평소 낭랑한 음성으로 경전을 낭송하고 시를 읊음으로써 올바른 성정을 기르고 정서의 순화를 기했다. 그리고 무료도 달랬을 것으로 본다. 지금도 동양 고전을 구수하고 목청 높게 낭송하는 성독聲讀은 듣기에 무척 좋다. 전통 음악을 잘 모르는 사람도 경전 읽는 소리는 듣기 좋아한다. 하물며 음악적인 선율과 박자를 갖춘 시가에 있어서랴! 『논어』 같은 경전이나 악서를 보면, 시가詩歌는 자기 수양과 풍속교화에 큰 역할을 한다. 특히 『시경』과 『예기』 「악기」나 『순자』 「악론」, 주렴계의 『통서』에는 음악의 중요성이 강조 또 강조되고 있다.

조선시대를 관통하는 양대 국문학은 시조와 가사다. 시조는 당연히 시에 속한다. 따라서 노래로 불려야 제 구실을 한다. 시조를 가창하는 방법에는 두 가지가 있으니 하나는 만대엽 등의 가곡歌曲이요, 하나는 시조(창)이다. 이를 모두 시조음악이라 할 수도 있겠다. 시조시를 관현악에 올려 엄격히 부르는 노래를 가곡이라 하고, 관현악 없이 편한 곡조로 부르는 것을 시조 또는 시조창이라 한다. 『양금신보』에 따르면 가곡은 고려의 '정과정 곡鄭瓜亭曲'에서 유래되었다 하는데, 정과정곡은 문학적 형식에 있어서도 향가의 연결선상에 있다. 즉, '정과정곡'은 고려시대까지 유지된 신라 향가의 여음이다. 따라서 만대엽의 기원은 신라의 향가까지 거슬러갈 수 있을 것으로 보인다.

노래로 부르는 시조가 나타난 시기는 고증하기 힘드나, 흔히 인용되는 영조 때의 가객인 "장안 사람 이세춘이 일반의 시조에 장단을 배열했다一般時調排長短 來自長安李世春"는 『석북집石北集』의 내용은 이세춘 이전에 지금

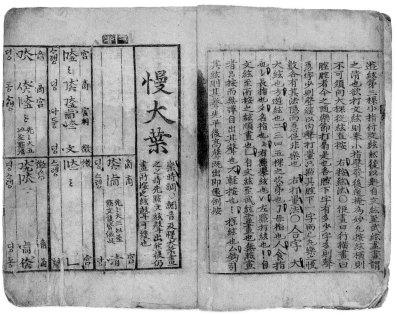

『양금신보』, 양덕수, 30.4×21.4cm, 문화재자료 제308호, 1610, 국립민속박물관.

의 형태는 아니지만, 이미 시조가 불렸다는 추정을 가능하게 한다. 『석북집』은 영조시대 인물인 신광수[87]의 작품인데, 그 가운데 '관산융마'는 서도풍西道風으로 애창되는 명곡으로 전쟁의 고통과 우국충정, 인생무상의 감회가 절절이 담겨 있다. 최초의 시조 악보는 정조 연간에 나온 이규경의 『구라철사금자보』다.[88]

시조라는 말이 문헌에 처음 나타난 것은 『동국통감』 1296년 기록에 있는 "원상이 시조를 지어 태평곡이라 했다"는 것인데(『동국통감』 권40 충렬왕 22년 7월조), 영조 시절 이장춘에 의하여 장단이 배열되어 오늘날의 평시조가 나타난 것으로 보인다. 시조 음악은 가곡의 발달에 따라 지름시조 등으로 다양하게 발달했고 지방의 여러 고을에도 널리 보급되면서 향토색 어린 특징을 이뤘다. 서울을 중심으로 한 경기 지방에서 부르는 시조를 '경제(혹은 경조)'라 했고 경상 지방의 것은 '영제 또는 영판', 전라 지방의 것은 '완제', 충청 지방의 것은 '내포제'라고 했다. 시조의 음악은 가곡의 롱·락·편이나 가사에 비하여 더욱 느리고 한가하게 부르는데 전국적으로 선비들 사이에 크게 유행했다.

그런데 시조와 더불어 조선의 양대 국문학을 이루는 가사문학을 노래하는 가사창도 선비들이 애용하던 성악이었다. 송강 정철의 '사미인곡'과 '관동별곡', 오산 차천로의 '강촌별곡' 등이 조선조 중엽 가창되었다고도 하나 쇠퇴하고 십수 편이 전습되는데, 가장 오래된 것은 『악장가사』에도 있는 '어부사漁父詞'로 본다. 지금 전창傳唱되는 어부사 여덟 마루는 농암 이현보가 『악장가사』 등에서 얻은 어부가를 개작한 것이 다소 변화한 것으로 볼 수 있다. 어부사는 굴원 이래 중국과 우리나라의 선비와 시인이

음악, 마음을 다스리다

즐겨 짓고 읊던 시가다. 이미 언급한 대로 농암은 장가 9장, 단가 5장의 어부사 신곡新曲을 지어 어부사의 새로운 지평을 열었으며 윤선도의 '어부사 시가'가 출현하는 계기를 만들었다.

참고로 홍한주洪翰周(1798~1868)의 『지수염필智水恬筆』 권5에 가사에 관한 글이 기록되어 있다.

근래 교방에서 전하는 가곡은 또한 앞 시대의 어진 이와 명사들이 지은 것이 많다. 어부사는 영남의 선배인 판서 농암 이현보가 지은 것이다. 이 가사를 퇴계 이황 선생에게 써서 보여주었던 까닭으로 『퇴계집』 속에 답서가 있고, 그 가사가 또한 편지 속에 들어 있게 된 것이다. 또한 '처사가'는 진실로 퇴계가 지은 것이오, '장진주將進酒'는 문청공 송강 정철이 지은 것이니 뒤에 변하여 '권주가勸酒歌'가 되었다. 또한 '관동별곡' '상사별곡'은 모두 송강이 지은 것이다. (…) 또한 춘면곡은 숙종 때 교리를 지낸 나학천羅學川(1658~1731)이 지은 것이다."[89]

이 가운데 '처사가'와 '권주가' '상사별곡' 등은 지금도 애창되고 있는데, 과연 그 작자가 홍한주의 주장과 같은 지는 앞으로의 연구 대상이다.

이상의 가곡·시조·가사 세 가지 노래를 국악계에서는 '정가正歌'라고 부른다. 정가는 가곡·가사·시조를 통칭하는 용어다. 곧 심성을 평안하고 바르게 하며 정서를 순화시키는, 수양에 도움이 되는 바른 노래라는 것이다. 이 의미라면 사찰의 음악인 범패도 정가에 해당된다 하겠으나, 종교음악에 속하므로 선비의 노래라는 좁은 의미의 정가에서는 제외된다.[90] 이 가운데 가곡은 범패, 판소리와 함께 우리나라의 삼대 성악곡의 하나에 든다. 그런데 이 우아하고 격조 높은 클래식 음악을 거의 대부분의 국민, 심지어 일선의 음악 교사들까지 대부분 모르고 있다는 사실은 매우 아쉬운 일이다. 그러나 일면 부끄러운 일이기도 하지만, 다행스럽게 정가의 종가宗家 격인 가곡이 그 예술적 가치를 세계적으로 인정받아 2009년 11월 유네스코 인류무형문화자산으로 등재되었다.

가곡의 풍도와 실제

유장아정하며 화평정대하다는 평을 듣는 정가의 원류인 가곡 만대엽은, "평조의 만대엽은 제곡諸曲의 조종祖宗으로서 종용從容하고 한원閑遠하고 평담平淡하다. 그러므로 만약 삼매경에 들어가 타게 된다면 유유悠悠함은 봄 구름이 푸른 하늘에 뜨는 것 같고, 호호浩浩함은 따스한 바람이 들판을 쓰는 것 같다"(이득윤, 「현금동문유기玄琴東文類記」)라고 그 덕이 칭송될 정도로 정악의 전형이었다. 그러나 만대엽과 중대엽이 너무 느려 재미없다고 신곡으로 등장한 것이 삭대엽인데, 여기에도 초·중·삭의 세 종류가 있다. 그런데 초수대엽의 가풍歌風은 긴 소매로 여유 있고 평화롭게 춤춘다는 '장수선무長袖善舞'이며, 이수대엽은 공자가 행단에서 제자들에게 설법하듯이 여유만만하게 노래하라는 '행단설법杏檀說法'이다.[91] 후세에 다소 빨라진 삭대엽이 이렇게 아정雅正할진대 조선 전기의 가곡이 얼마나 느리며 여유만만하게 불려졌는지 유추할 수 있다.

그런데 가곡은 노래를 부르는 풍도가 있으니, 『청구영언』과 『가곡원류』에 기록된 가곡의 곡태曲態는 모두 표현이 문학적이며 아름답다. 예를 들

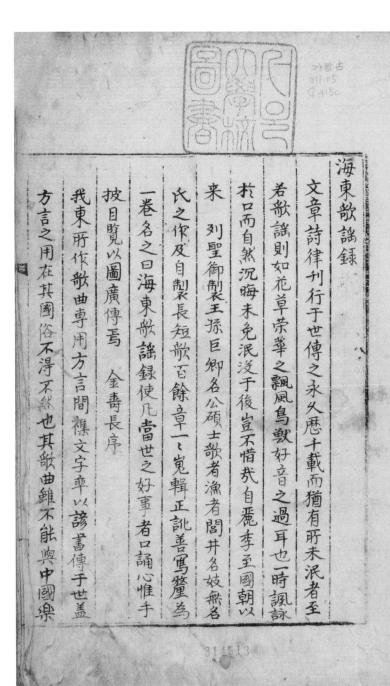

海東歌謠錄

文章詩律刊行于世傳之永久歷千載而猶有所未泯者至

若歌謠則如花草榮華之飄風鳥獸好音之過耳也一時諷詠

於口而自然況晦未免泯沒于後豈不惜哉自羲李至國朝以

來　列聖御製曁王孫巨卿名公碩士歌者漁者閭井名妓無名

氏之作及自製長短歌百餘章一一蒐輯正訛善寫鑿為

一卷名之曰海東歌謠錄使凡當世之好事者口誦心惟手

披目覽以圖廣傳焉　金壽長序

我東所作歌曲專用方言間襍文字率以諺書傳于世盖

方言之用在其國俗不得不然也其歌曲雖不能與中國樂

『청구영언』, 규장각한국학연구원.

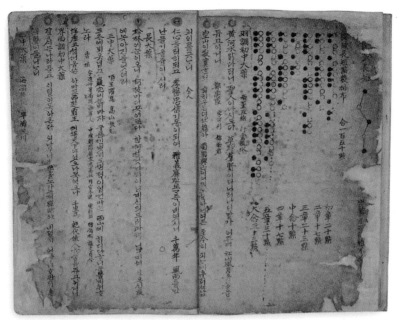

『가곡원류』, 41.5×32.5cm, 1759, 국립국악원.

어 초수대엽은 "긴 소매가 멋있게 돌아가며 춤추고 가느다란 버들에 봄바람이로다" 하니, 평화롭고 여유 있게 긴 소매가 넘실넘실 춤추듯 봄바람에 버들가지가 하늘거리듯 둥실둥실 노래하라는 것이니, 얼마나 평화롭고 아리따운가! 이수대엽은 행단설법이요 우순풍조라 했으니, 공자가 은행나무 단상에서 진리를 설하는데 시절은 바야흐로 풍우가 순조로워 태평스럽다 한다. 여러 번 이야기하지만, 공자는 흔히 금슬을 연주하면서 노래를 잘 불렀다.[92] 2500여 년 전 오랜 옛날 사람들은 지금보다 훨씬 여유 있고 매사가 느렸으리라. 더구나 진리를 설했기에 급할 수가 없고 차분차분하고 평안한 분위기에서 말씀하고 사람의 마음을 평안하게 했을 것이다. 마치 오우십풍五雨十風이라 하여 부드럽게 바람 불고 때맞춰 비 내리듯이. 백성은 태평연월의 격양가를 부르며 즐거워하는 모습이 눈에 보이듯 노래하라는 취지다. 실제 이수대엽은 매우 느려서 1분에 20박 정도라 한 마디가 3초 유지된다. 가곡의 곡태曲態를 정리하면 다음과 같다.

초수대엽: 장수선무 세류춘풍長袖善舞 細柳春風
이수대엽: 행단설법 우순풍조杏壇說法 雨順風調
삼수대엽: 원문출장 무도제극轅門出將 舞刀提戟[93]
소용: 폭풍취우 비연횡행暴風聚雨 飛燕橫行
만횡: 설전군유 변태풍운舌戰群儒 變態風雲[94]
롱: 완사청천 축랑번복浣紗淸川 逐浪飜覆[95]
계락·우락: 요풍탕일 화란춘성堯風湯日 花爛春城[96]
언락: 화함조로 변태무궁花含朝露 變態無窮

따라서 실학의 거두, 이익이 『성호사설』에서 "만대엽은 극히 느려서 사람들이 싫어하여 없어진 지 오래고, 중대엽은 조금 빠르나 역시 좋아하는 이가 적고, 지금 통용되고 있는 것은 삭대엽이다"라 한 말이 이해된다. 삭대엽은 이수대엽이 가장 느려(1분 20박) 한 곡 부르는데 대략 14분이 소요된다. 대개는 1분에 40, 45, 60박, 드물게 70박 정도로 현대음악에 비해서는 아직도 느리다고 할 수 있다. 빠르다는 삭대엽이 이럴진대, 느리다는 만대엽의 속도는 어떠했을까? 그런데 오늘날의 서양풍의 현대가곡이나 대중가요나 팝송 등은 대개 1분에 70~80박을 치니, 세태가 얼마나 조급해졌는지 알 수 있다. 음악은 느릴 수 있다면 느릴수록 격이 높다. 느린 음악은 호흡을 길게 하고 맥박을 안정시키며 뇌파의 진동을 느리게 한다. 뇌파의 진동이 느려지면 심신이 안정되고 피로가 회복되며 질병의 치유가 시작된다. 또한 잠도 오지만, 두뇌가 맑아지며 창의력이 높아진다. 느린 음악이 인간의 정신과 신체에 미치는 좋은 효과는 이루 다 말할 수 없을 정도다.

이리하여 17세기 중엽에 와서 만대엽은 이미 없어졌으며 중대엽도 18세기 이후에는 점차 자취를 감추고 대체로 삭대엽 유의 곡조들만 불리게 되었다. 17세기 이후에 새로 나타난 가곡음악으로서는 우락, 계락, 편락, 언락, 언편, 평롱 기타 여러 곡조가 있다. 이 가곡들 가운데서 기본유형은 '롱' '락' '편'이다. 17세기 이후 가곡은 가객, 기녀 등 도시의 직업적 및 반직업적 가수들에 의하여 창작되고 가창되면서 전문 음악가들인 율객들과의 밀접한 연계 위에 거문고, 젓대, 피리, 단소, 장고 등으로 구성되는 일정한 편성의 기악반주를 반드시 동반했다. 도시 평민−시정인 계층들의 현실 긍정적이며 세태적인 생활 감정의 반영에 따라 어느 정도 발랄한 정서가 나타나며 음악의 세속적인 요소가 보다 강화되고 있다. 그리하여 후기의 가곡일수록 보다 세속적이며 발랄한 감정을 표현하고 있다.[97]

조선 후기에는 경제적으로 부유했던 중인층의 서리나 아전 또는 역관 그리고 풍류를 즐기던 지방 양반들의 후원 속에서 판소리라는 민속악의 꽃이 활짝 필 수 있었고, 산조와 시나위, 민요와 잡가 등 민속악의 여러 갈래들이 일반 백성 사이에서 발달했다. 특히 선비나 중인 계층의 풍류활동으로 나타난 결과물인 영상회상과 가곡·가사·시조가 조선 후기에 새로운 음악문화로 형성되어 다양한 변주곡을 낳게 되었고, 여러 거문고·양

음악, 마음을 다스리다

금·생황 악보와 가곡 악보에 수록되어 오늘날까지 전승되어 연주되고 있다. 이렇듯 18세기의 음악문화는 현행 전통 음악과 역사적으로 직접 관련되어 있다는 점에서 매우 중요한 의미를 갖는다.[98]

최근 안동문화원에서 번역, 발간한 『송간일기松澗日記』에 가곡창으로 보이는 노래를 익힌 진귀한 기록이 나왔다. 일기의 주인공은 송간松澗 이정회李庭檜(자는 경직景直, 1542~1612)인데, 송안군 이자수의 후손이며, 퇴계 이황의 족손族孫(큰집의 증손자뻘)으로서 소년 시절에 퇴계를 접한 인물이다. 정탁과 구봉령의 천거로 관직에 나아가서 통례원의 인의, 사헌부 감찰, 횡성 현감 등을 역임했으며, 저서에 『송간집』『송간일기』가 있다. 이상을 볼 때 당대의 전형적인 지방 사대부로서 그의 행적은 조선 중기 선비 생활의 한 표준이 될 수도 있다. 송간은 성실하고 인자했으며 매사에 독실한 성품을 지녔다. 벼슬은 그리 높지 않았으나 양반으로서 학문과 기예를 고루 익힌 것으로 보인다. 일기를 읽어볼 때, 그는 활도 쏘고 가창도 익혔고 침도 잘 놓았고 술도 좋아하고 바둑도 즐겼던 것 같다.

노래 연습習唱에 대한 최초의 기록은 1584년(43세) 11월 13일에 나온다. 이날부터 그해 말까지 14회에 걸쳐, 함창저·죽산저·성주저 등에서 습창을 했다. 함께 습창한 인물은 김대균이 8회로 가장 많으며, 지경심·원사언·최여즙 등도 함께 했다. 1585년(44세)에 들어 2월 11일부터 4월 7일까지 28회에 걸쳐 습창했다. 『송간일기』의 해제에는, "송간은 1584년에는 통덕랑의 신분으로 구체적인 직무는 맡고 있지 않았다. 그러므로 습창이 직무와 관련된 것으로 보기는 어렵다. 임금을 전도하는 통례원 인의에 임명된 것은 1586년 1월 30일이며, 이때에 오면 습창 기록이 거의 마무리되는

「평양도십폭병풍」, 종이에 채색, 131.0×39.0cm, 19세기, 서울대박물관.
그림 가운데에 판소리 명창 모흥갑이 소리하는 모습이 보인다.

단계가 된다. 구체적인 내용을 적어 놓지 않아서 습창이 어떠한 창을 익힌 것인지는 알 수 없다. 그러나 대부분 양반 신분의 다른 사람들과 함께 습창한 것으로 보아, 풍류로서의 시조창이나 가곡창이었을 것으로 추정할 수 있다."[99]라며 시조나 가곡을 익힌 것으로 보고 있다.

예를 들어 1585년 3월 2일의 일기에는 "맑음. 식후에 지중원을 보러 갔다. 이어서 함께 무령위 방으로 가서 창唱을 익히고 돌아왔다"[100]고 했다. 친구인 지중원의 집에 가서 함께 창을 익혔다는 기록이다. 그런데 이 달 4일, 5일, 6일에도 지중원의 집에 가서 습창했다고 기록한다. 이때 나이는 44세다. 혼자 하지 않고 여러 명이 함께 연습한 것 같고 장소는 성주저, 함창저 등 경재소에서 주로 배우고 자기 집과 친구들 집에서 연습했다. 그런데 여러 명이 짝이 되어 이토록 연달아 배우고 익히는 것을 보면 당시 선비들이 습창을 많이 했던 것으로 생각되며, 그것은 아마 만대엽이나 중대엽으로 판단된다. 임란 전인 당시는 아직 시조와 삭대엽이 가창되지 않은 시절이며, 1610년에 편찬된 『양금신보』 등 여러 문헌에 중대엽의 기록은 남아 있기 때문이다.[101]

또 하나 소중한 자료가 대구에서 나왔다. 2013년 한국정가진흥회 주최, 제2회 학술대회에서 이숙희 박사의 발표에서다. 이병철과 함께 삼성상회를 운영하던 서봉曙峯 허순구許珣九는 50세가 되자 모든 사업을 접고 대구시 금호강변에 금호정을 짓고 전국적으로 국악계 원로와 동호인을 초청해 가곡과 영산회상을 즐겼다. 그가 직접 적은 가곡보와 영산회상 거문고보, 단소·양금보는 좋은 연구자료가 되며, 전통시대 선비 풍류가 최근까지도 남아 있었음을 보여준다.

樂

원문으로 읽는 음악 이야기

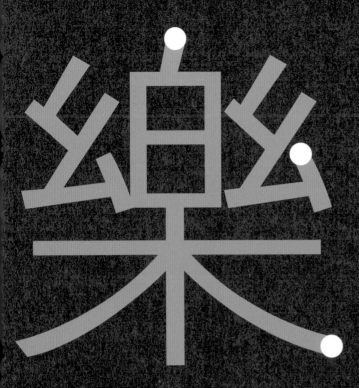

01단계:
유교와 음악

【 서경 1 】 원문 1

시詩는 뜻을 말한 것이요, 가歌는 말을 길게 읊는 것이요, 성聲은 길게 읊는 것을 따르는 것이요, 율律은 성聲을 조화시키는 것이니, 팔음八音이 잘 어울려 서로 차례를 빼앗지 말아야 신神과 사람이 화합할 것이다.

「순전舜傳」

한자로 시詩는 말씀 언言 변에 절 사寺인데 여기서 사는 지志와 통한다. 따라서 시는 한자 성립의 방법 가운데 하나인 회의會意로 볼 수 있어 말과 뜻, 다시 말하여 뜻을 말한다는 의미를 지닌 글자다. 시는 사람의 뜻, 즉 생각과 감정을 표현하는 것이라는 말이다. 그다음 '가歌는 영언永言'이라고

2장 원문으로 읽는 음악 이야기

했는데, 그 뜻은 '긴 말'이 아니고 '말을 길게 하는 것'이다. 만일 "꽃이 피었네"를 길게 빼어 말하면 일종의 노래가 된다. 『시경』의 시 삼백 수는 모두 시이면서 노래다. 다음 성聲이라는 것은 말을 길게 빼는 노래에 의지하여 불리어지는 가락이라고 했다. 단순히 말을 길게 읊조리는 노래歌의 단계에서 일정한 박자와 가락이 규칙적으로 진행되어 상당히 정비된 단계를 성이라 한다는 말이다. '변성방變成方'을 음音이라 한다 할 때의 음音과 같은 뜻이라 본다. '변성방'이란 「악기」에 나오는 말인데, 소리들이 어울려 변화하면서 어떤 노래의 형태를 갖추는 것을 뜻한다.

그다음 율律은 성聲을 조화시키는 것이란 말은 이처럼 하나의 노랫가락이라 할 수 있는 성의 단계에서 성과 성이 어우러져 화성和聲이 되는 상태를 율律이라 한다는 말이다. 화성을 중시하는 서양 음악에서 '도미솔'이 어울려 1도 화음이고, '도파라'가 4도 화음이라 하는 것과 같은 취지다. 이렇게 볼 때, 성률聲律의 단계가 되면 현대적 의미에서의 확실한 음악이라 할 수 있다. 신과의 화합을 말함은 음악이 원래 제사와 깊은 관계가 있기 때문이다.

【 모시서 1 】 원문 2

시는 마음속 뜻이 움직여 나아가는 곳에 있나니 마음에 있으면 뜻이 되고 말로 나타나면 시가 된다. 감정이 마음속에서 움직여서 말로 나타나는데 말로 나타내도 만족하지 못해 탄식하게 되고 탄식해도 만족하지 못하여 길게 노래하게 되고 길게 노래해도 만족하지 못해 자신도 알지 못하는 사이에 손이 춤추고 발이

음악, 마음을 다스리다

뜀뛰게 된다.

유명한 『시경』의 『모시서毛詩序』로서 「관저」의 장에 부쳐져 있다. 마음의
생각이나 감정이 말로 표현된 것이 바로 시다. 그러나 시만으로 그것을 다
표현할 수 없으므로 탄성이 나오고 그것도 부족하여 노래와 춤이 나온다.
노래와 춤은 도구와 장식이 필요 없는 자연 그대로의 감정표현이라 인간
의 예술행위 가운데 가장 원초적이며 순수한 것이다.

【주희 1】원문 3

무릇 이미 하고자 함이 있을진대 곧 능히 생각이 없지 않고, 이
미 생각이 있을진대 곧 능히 말이 없지 않고, 이미 말이 있을진
대 말이 능히 다하지 못하는 바가 있어서 감탄하고 탄식하는 나
머지, 반드시 자연스런 음향절주가 있어서 능히 그만두지 못하
니 이것이 바로 시를 지은 까닭이다.

『시경집전詩經集傳』「서序」

앞의 글과 동곡이음同曲異音이다. 물건에 감동이 된다는 것感於物而動은
사물에 접하여 느낌과 생각이 일어나는 것을 말한다. 생각과 감정은 말로
표현되어 나오지만 "서부진언書不盡言하며 언부진의言不盡意"라는 말[1]처

럼 글로는 말을 다 나타내지 못하며 말로는 뜻을 다 나타내지 못하므로, 생각과 감정을 표현함에 유감이 있는 것이다. 하여 말이 아닌 탄성을 지르고(자차) 감탄조로 읊조리다가(영탄), 마침내 가락과 박자가 생기고 악기가 이를 맞춰져서 노래가 되니, 이 노래가 바로 시詩라는 주자의 설명이다. 노래와 춤이 생성되는 데 관한 가장 원초적이고 소박한 설명인데 이것을 응용하여 노래와 춤으로 심신을 단련하는 영가무도 수련법이 생겨났다.

참고로 영가무도詠歌舞蹈는 우리나라 고대의 심신수련법인데, 지금까지 전승되고 있으며, 주자의 설명과 일맥상통한다.

【주희 2】 원문 4

> 무릇 시의 이른바 풍이라는 것은 대부분 이항 가요의 지은 데에서 나왔으니 이른바 남녀가 서로 더불어 읊고 노래하여 각각 그 정을 말했으되, 오직 주남과 소남은 친히 문왕의 교화를 입어서 덕을 이루어, 사람이 다 그 성정의 바름을 얻음이 있다. 그러므로 그 말을 냄이 즐거우면서도 음탕한 데 지나치지 않으며, 슬프면서도 상함에 미치지 않는다.
>
> 『시경집전』「서」

『시경』「국풍」에 대해 말하고 있다. 시경에는 풍風, 소아雅, 대아, 송頌의 네 가지 종류의 시들이 기록되어 있다. 풍은 각 지방의 민요나 풍요로서

국풍의 주남과 소남이 으뜸이 된다. 주남과 소남은 시의 가사나 노랫가락이 어질고 온화하여 '온유돈후溫柔敦厚' 네 글자로 그 시풍을 이야기한다. 국풍의 첫 시인 주남의 '관저'는 너무나 유명하다. 공자도 '관저'의 음악을 칭찬했다. 그야말로 낙이불음樂而不淫에 애이불상哀而不傷인 온유돈후한 노래의 전형이다. 『예기禮記』에 "따스하고 부드럽고 도탑고 후한 것이 『시경』의 가르침溫柔敦厚 詩教也"이라고 했다. 주남과 소남 편의 노래들이 불려진 곳은 주나라의 수도에 가까워 문왕의 교화가 직접 미쳤으므로 그 지방 백성의 성정性情이 지극히 정상적이었고 노래는 특히 온유돈후했다고 한다.

【주회 3】 원문 5

무릇 아와 송의 편은 다 주나라의 성세에 조정과 교묘郊廟에서 쓰던 음악과 노래의 말이다. 그 말은 온화하되 씩씩하며, 그 뜻은 너그럽되 면밀하다. 이 시를 지은 자가 이따금 성인의 무리라, 진실로 만세의 법정이 되는 까닭이 되어 가히 바꾸지 못하는 것이다. 아雅가 변화한 데 이르러서는 또한 모두 한때 현인군자가 당시를 민망히 여기고 풍속을 병스럽게 여겨 지은 바를 성인이 취하셨으니, 그 충후하고 측달한 마음과 선을 베풀고 간사함을 막는 뜻이 더욱 후세에 말 잘하는 선비가 능히 미칠 바가 아니다.

『시경집전』 「서」

아雅에는 대아大雅와 소아小雅가 있는데 소아는 연향에 쓰는 음악이고, 대아는 신하들이 모이고 임금이 조회할 때에 올리는 음악과 음복을 받으면서 경계를 베푸는 노래다. 송頌은 종묘의 악가樂歌이니 조상의 성덕을 아름답게 여겨 찬송하는 음악이다. 소아는 '녹명 3장'으로 시작하고 대아는 문왕지습文王之什 '문왕 7장'으로 시작하며 송은 주송周頌 '청묘 1장'으로 시작한다. 이들 세 노래는 모두 조정의 일과 종묘나 교외에서의 제사에 쓰이는 음악인데, 성현들이 작사, 작곡한 곡이 많아 그 풍도가 온화하면서도 씩씩하고 자애롭고도 엄밀하여 사람의 마음을 착하게 한다.

【예기 1】 원문 6

> 악은 같게 하는 것이고, 예는 다르게 하는 것이다. 같으면 서로 친하고 다르면 서로 공경한다. 악이 이기면 방종에 흐르고 예가 이기면 사이가 벌어진다.
>
> 「악기樂記」

음악은 같게 하는 것이 전문이고 예절은 다르게 하는 것이 특기다. 음악을 써서 같게 되면 서로 친해지고 예절로 인하여 서로 다르게 되면 서로 공경한다. 그러나 음악이 이기면 제멋대로 흐르게 되고 예절이 이기면 사이가 벌어진다. 따라서 어느 한쪽에 치우치면 안 된다.

이와 같이 예와 악은 표리의 관계요 손바닥과 손등의 사이다. 예는 땅을 본받고 악은 하늘에 말미암는다. 예의 덕은 경敬이요 악의 덕은 화和다. 예식禮式이 있는 곳에 음악이 있고 음악이 연주되는 자리에 예절이 있다. 국악단의 연주회나 독주회나 음악을 제공할 경우 반드시 정숙하고 볼만 한 예식이 있어야 하고, 개천절 행사나 여러 단체의 회합 같은 의식에서 음 악이 반드시 필요하다. 최소한 애국가는 제창해야 한다. 보기 좋은 것은 예이고 듣기 좋은 것은 악이다. 모두 합리적이며 천지의 이치에 터하고 있 기 때문이다. 유교는 바로 예악으로 몸을 닦고 예악으로 나라를 다스리라 는 가르침이요 학문이다. 정서를 같이하고 예모를 꾸미는 것이 예악의 일 이다. 노인과 아이, 남자와 여자는 구별되어야 마땅하므로 예의가 필요하 며 동서와 흑백은 화합되어야 마땅하므로 음악이 필요하다. 예의가 확립 되면 서열이 등급지어지고, 음악이 연주되면 좌우가 하나가 된다.

【예기 2】 원문 7

봄에 생기고 여름에 성장하는 것은 인이고, 가을에 거두고 겨울 에 저장하는 것은 의이니, 인은 악에 가깝고, 의는 예에 가깝다.

「악기」

봄과 여름은 만물을 생육·성장시킨다. 봄과 여름의 기운은 따뜻하며 사람을 너그럽고 평안하게 한다. 이것은 생生을 사랑하는 인仁과 가깝다. 그런데 음악이야말로 사람을 너그럽게 하며 평안하게 한다. 그러므로 인은 악과 가깝다.

가을과 겨울은 만물을 절제하고 거두어들인다. 가을과 겨울의 기운은 차가우며 사람을 엄숙하고 바르게 한다. 이것은 절도를 좋아하는 의義와 가깝다. 그런데 예절이야말로 사람을 엄숙하게 만들고 바르게 한다. 그러므로 의는 예와 가깝다.

예를 즐기는 사람은 몸가짐이 바르고 법과 정의를 존중한다. 악을 즐기는 사람은 마음이 화창하고 덕과 인정을 중시한다.

예악의 도는 인의의 도를 성숙시키며, 자연의 이법에도 적절하게 융합된다. 하늘은 높고 땅은 낮으며 만물이 각기 자기 자리에서 다양한 모습을 유지하며 서로 어긋나지 않는 것은 대자연의 예법이다. 흩어져 다르면서도 끊임없이 교류하고 융화하여 조화를 이루는 것은 대자연의 음악이다.

【예기 3】 원문 8

지기는 위로 올라가고 천기는 아래로 내려와서 음양이 서로 접촉하고 천지가 서로 움직이며, 번개와 우레로 고동시키고 비와 바람으로 분발시키며, 춘하추동 사시로 움직이고 해와 달로 따뜻하게 하여 백가지 변화가 일어난다. 이와 같으므로 악이란 천지의 조화이다.

「악기」

마치 『주역』의 「계사전」을 읽는 듯한 기분이 드는 문장이다. 아니, 거의 같은 문장이다. 천지와 음양이 교합하여 만물을 발생시키고 양육하는데, 이 조화의 본질이 바로 음악의 본질이라는 말이다. 악의 본질은 진동이고 파동이라, 만물의 상호 작용이요 교류이며 사람과 사람의 대화요 공감이다. 공감은 배려를 낳고 배려는 사랑을 낳는다. 사랑에는 박애博愛가 참사랑이다. 박애를 인仁이라 한다고 공자는 말했다. 아무리 뜨겁고 순수해도 남녀 간의 사랑보다 범 인류를 향한 박애는 더욱 사랑답다. 그것은 무한하고 무조건적이라, 인仁이요 아가페Agape요 대자대비다. 이와 같이 참다운 음악은 만물을 살리는 우주의 생명작용과 통하고 큰 음악은 천지의 교호 작용과 합치된다. 유가사상에 있어서 음악의 의의는 실로 위대하기 이를 데 없다.

【사기 1】 원문 9

흙이 황폐하면 초목이 자라지 못하고 물이 시끄러우면 물고기와 자라가 크지 못하며 기가 쇠퇴하면 사물의 생산이 이루어지지 못하고 세상이 어지러우면 예가 사특하고 악이 음란하게 된다. 이런 까닭에 그 소리가 구슬퍼 씩씩하지 못하고 즐겁되 편안하지 못하며, 태만하여 절도를 범하고 탐닉에 빠져 근본을 잊어버린다. 넓게는 간사함을 받아들이고 좁게는 욕망을 생각하게 되어, 활발한 기상을 줄이고 평화로운 덕을 없애니, 그러므로 군자가 이를 천하게 여기는 것이다.

    음악의 힘이 그처럼 위대하므로 나쁜 음악의 힘도 마찬가지로 강력하여 사람의 성격 발달과 정서 안정에 해로운 예를 들었다. 특히 혈기가 왕성하고 남녀지간의 정감이 발달하는 청소년기에는 더욱 그렇다.

    후세에 다시 예악 정치를 강조한 이는 북송의 염계 주돈이다. 그는 그의 역저 『통서通書』에서 『주역』의 원리를 술하고 음악의 정치를 논했다. 이 책에서 자아를 완성하고 나라를 낙원으로 만드는 '내성외왕內聖外王'의 이상을 실현하는 도구로 예악을 든다. 음악은 모든 것을 화해시키는 힘이 있다. 인간과 인간, 인간과 신명, 인간과 자연까지도 화해시킬 수 있는 것이 음악이다. 이처럼 음악이 백성을 교화하고 풍속을 변화시킬 수 있지만, 음악도 음악 나름이다. 한편으로 사람들의 착한 마음을 흥기시켜 선을 즐기고 덕을 좋아하는 미풍양속을 이룰 수 있지만, 다른 한편으로 사람을 탐욕과 투쟁의 길로 유혹하여 사회 기풍을 문란하게 할 수 있다는 것이다. 주돈이에 따르면 사회의 풍속이 좋은가 나쁜가 하는 것은 음악이 바른가 그렇지 않은가에 달려 있다. 주돈이가 원하는 음악은 첫째 '담박'이요 둘째 '착함'이다. 음악이 담박하면 음악을 감상하는 이들의 마음이 담박하고 착해지며, 가사가 착하고 훌륭하면 그 가사를 노래하는 자들의 마음도 착해지고 훌륭한 덕성을 흠모하게 된다는 것이다.

악이란 변할 수 없는 정감이고, 예란 바뀔 수 없는 이치다. 악은
통합하여 같게 하고 예는 변별하여 다르게 하니, 예악의 설은 인
정을 관할한다.

「악서」

온유하고 관후하며 착하고 우아한 정서들은 변할 수 없다. 산을 보면
믿음직하고 물을 보면 시원해지며 불을 보면 흥분하고 달을 보면 감상에
젖듯이 군악소리를 들으면 씩씩해지고 왈츠를 들으면 어깨가 들썩이고 멀
리서 들리는 젓대소리는 향수를 일으키고 어부의 노랫가락은 인간의 삶
을 생각하게 한다. 이처럼 음악으로 표현되는 인간의 정서는 변하지 않는
다. 마찬가지로 어린이가 어른을 존대하고 자식이 부모를 높이는 것은 천
지자연의 이치다. 예악은 인정과 깊은 관계가 있다. 그것은 인정을 인정답
게 발아시키고 아름답게 꽃피게 해준다.

근본을 궁구하여 변화를 앎은 악의 진정이고, 참됨을 드러내고
거짓을 보냄은 예의 법도다.

「악서」

음악은 그 가락과 박자가 화려하게 변화하는 특성이 있다. 그리하여 동서고금에 그 수많은 음악이 지어지는 것이다. 베토벤 9번 교향곡의 유명한 4악장을 장식하는 환희의 송가의 멜로디는 그 악장 가운데서 몇 번이나 변화하면서 연주된다. 변하고 변하여 궁극까지 가는 것이다. 그러면서 그 악장의 묘를 최대한 살리고 그 음악의 미를 극대화한다. 이것이 '궁본지변'의 좋은 예가 된다. 예의 정도는 '저성거위著誠去僞', 거짓을 없애고 진실을 드러내는 것이다. 진실이야말로 예의 핵심이며 예물과 예복에 앞선다.

【사기 4】 원문 12

> 악이란 황종·대려의 율에 맞춰 금슬을 타며 노래하고 방패를 날리며 춤추는 것을 일컫는 것이 아니다. 이런 것들은 악의 말절末節이므로 동자가 춤춘다. 연석을 펴서 준조尊組를 베풀고 변두籩豆를 벌리고 계단을 오르내리며 예절을 행하는 것은 예의 말절이므로 유사가 관장한다.
>
> 「악서」

음악의 정신은 중화에 있고 평화를 사랑하는 마음에 있다. 예절의 정신은 경건에 있고 사람을 공경하는 마음에 있다. 탄주·무용과 기거동작은 나타나는 형식일 뿐 진정한 정신은 아니다. 준조와 변두는 음식을 담는 제기의 종류다.

【서경 2】 원문 13

주자胄子를 가르치되 곧으면서도 온화하며, 너그러우면서도 엄
숙하며, 강하면서도 사나움이 없으며, 간략하면서도 오만함이
없도록 해야 한다.

「순전」

『서경』「순전」에 나오는 옛 기록이다. 음악으로 사람의 성정을 변화시켜
원만하고 훌륭한 인격으로 교육시켜야 한다는 당부다. 순 임금은 태평성
세를 열어감에 본인은 덕과 지혜로 정치에 임했으며 천하의 인재를 고르
게 등용하되 특히 적재적소에 배치하여 각기 경륜을 충분히 펼칠 수 있도
록 권한을 주었다. 예를 들어 치산치수에는 우禹, 토목공사에는 용龍, 교육

에는 설契, 사법은 고요皐陶, 농사는 후직后稷, 음악은 기夔에게 맡겼던 것이다. 이처럼 훌륭한 인재들이 조정에 가득했으니, 이른바 팔원팔개八元八凱라는 16명의 대신이다. 순 임금은 조용히 이들이 능력을 발휘하는 것을 지켜보며 만족했고 이따금 더 나은 정치를 위해 가끔씩 칭찬·독려하고 대신들과 토론했을 것이다. 특히 나라의 치적이 이루어짐에 그 모습을 노래로 표현하여 함께 부르곤 했다. 그리하여 『논어』에도 순은 공손히 남향하고 있었을 따름이었다는 말이 있는 것이다. 이것이 이른바 '무위無爲의 치治'다.

위의 장면은 순 임금이 기夔라는 음악의 달인에게 음악에 관한 행정부서인 전악 자리를 맡기면서 당부한 말이다. 백성에게 음악을 가르치는 것은 좋은 덕성을 함양시키기 위한 것이다. 사도직司徒職을 맡은 설契을 시켜 천하에 오륜을 가르쳐 군신, 부자, 부부, 장유, 붕우의 도가 확립되어 천하가 질서 있고 화평해지도록 했거니와, 장차 나라의 크고 작은 일을 책임질 각 가정의 '맏이冑子'를 교육함에 특별히 음악을 사용하여 훌륭한 덕성을 갖추게 할 것을 부탁했다. 나라의 자제들로 하여금 곧으면서도 온화하며, 너그러우면서도 엄숙하며, 강하면서도 사나움이 없으며, 간략하면서도 오만함이 없도록 하라는 것이다. 이것을 보면 순 자신이 인격 수양을 위해 끊임없이 노력했고 인간의 심리를 상당히 깊이 파악한 인물이라는 것을 알 수 있다.

첫째, 너그러운 인간이 되는 일에 주의할 사항이 있다. 너그럽다 보면 대인관계나 업무처리에 흐리멍덩할 수도 있는 것이다. 그래서 주의 단서를 붙이니 엄숙히 대하라는 것이다. 엄숙한 사람은 너그럽기 어렵고 너그러운 사람은 엄숙하기 어려우니, 너그럽고도 엄숙하다면 강유剛柔를 겸전해 덕에 위엄이 서리니 지도자로서의 기본적인 성격이 갖춰진다.

둘째, 강하면서도 사나움이 없어야 한다. 지도자는 성격이 강해야 한다. 그래야 가정을 경영하여 번창시킬 수 있고 올바른 일을 흔들림 없이 추진할 수 있고 인생행로와 국가사회 활동에서 만나는 크고 작은 난관을 돌파할 수 있다. 그런데 강하면 자칫 사나워지기 쉽다. 강하되 남을 배려하고 자상해야 하니 이것이 강하면서도 사나움이 없어야 한다는 덕목이다.

셋째, 간략하면서도 오만함이 없도록 하라는 것인데, 일의 처리나 처세에 있어서 매사 간소한 것이 좋다. 너무 오래 생각하고 지나치게 세심하면 주위를 답답하게 한다. 일이란 복잡하게 생각하면 복잡하기 그지없다. 대답도 시원하고 지시도 간략해야 한다. 간략한 삶, 이것은 인간을 살찌게 한다. 그러나 자칫 무성의하고 불성실해질 수 있다. 주변에 대한 배려와 일에 대한 깊이 있는 고민을 생략되기 일쑤다. 따라서 오만해질 수 있다. 대강대강 처리하는 일과 딱 부러지게 대답하는 습관에서 자만심이 길러지고 남을 무시하는 성격이 배양되기 쉽다는 말이다. 자세히 고려할 사항까지 고려하지 않게 되고 직감적인, 순각적인 자기 판단을 늘 옳다고 여기고 밀어붙이는 경향이 생긴다. 그러면 자연히 친구나 아랫사람의 충언을 듣기 싫어진다. 빠른 판단과 간략한 일 처리는 참으로 좋은 것이나 이처럼 함정이 있다.

순 임금의 말은 상당한 수준의 성격심리학적 고려에서 나온 당부다. 성격 발달 내지 도덕 발달의 교육적 실천을 음악을 통하여 해결하자는 학습 전략이다. 인간의 미묘한 심리와 성격은 파악하기도 조절하기도 힘들다. 그러나 음악만은 자연스럽게 내면에 스며들어 사람의 인격을 서서히 변화시켜나간다. 좋게도 나쁘게도. 물론 교육에 있어서는 당연히 좋은 방향으로 성격이 바뀌도록 한다. 여기에 쓰이는 음악이 바로 정악正樂이다.

【소학 1】 원문 14

『열녀전』에서 말했다. 옛날에 부인이 아들을 회임하면 비뚤게 눕지 않으며 가장자리에 앉지 않으며 한 발로 서지 않으며 삿된 맛의 음식을 먹지 않으며 바르게 썰지 않은 음식을 먹지 않으며 바르지 않은 자리에 앉지 않으며 눈으로 삿된 색을 보지 않으며 귀로 음란한 소리를 듣지 않으며 밤으로 장님으로 하여금 시를 외우게 하며 바른 일을 말하게 했다. 이렇게 한다면 자식을 낳으매 용모가 단정하고 재주가 사람을 지나게 된다.

태교에 대한 가르침이다. 교육의 첫 번째는 태중 교육이며 가장 중요한 교육도 또한 태교라 한다. 성장 후 평생교육이 생후 어린 시절의 10년 교육만 못하고 생후 10년 교육이 복중腹中 열 달 교육에 못하고 복중 열 달 교육이 회임 당시 하루의 생각보다 못하다는 이사주당李師朱堂의 말이 있다. 태교는 누구나 할 수 있고 어쩌면 쉽게 할 수 있다. 특별한 제도도, 경제력도, 스승도 필요하지 않다. 그러나 지극히 어렵다. 당장 아기를 가진 어머니가 생명을 잘 지켜야 하고 마음과 몸가짐을 바르게 해야 한다. 눈으로 삿되고 바르지 못한 색을 보지 않으며 귀로 음란하고 평안하지 못한 소리를 들

음악, 마음을 다스리다

『태교신기』. 이사주당, 유희 옮김, 1801, 성균관대 존경각.

어서는 안 된다. 나아가 좋은 시를 듣고 좋은 이야기를 들으며 밝고 조용한 음악을 듣는 것이 태아에게 좋다. 철로변의 집에서 태어난 아기는 기차소리에 놀라지 않으며 글 읽는 소리를 많이 듣고 태어난 아기는 책을 가까이 한다. 음악의 교육적 효과는 태중 교육에서부터 나타난다.

【소학 2】 원문 15

열세 살이 되면 음악을 배우고 시를 외우며 작시 η 詩에 맞춰 문무文舞를 춘다. 동자가 되면 상시象詩에 맞춰 무무武舞를 추고 활쏘기와 말타기를 배운다. 스무 살이 되어 관대를 하고나면 비로소 예를 배우고 가죽과 비단 옷을 입고 대하를 춤추며 효제를 두텁게 행하며 널리 배우되 가르치지 않으며 안에 있고 나가지 않는다.

나이에 따른 교육의 내용을 말하는 『소학』의 대목이다. 여섯 살에 방위를 가르치고 일곱 살이면 남녀가 같은 자리에 앉지 않게 한다. 이것이 유명한 '남녀칠세부동석'이다. 열 살이 되면 바깥에 사부를 구하여 배우게 하고 글쓰기와 셈하기를 배우고 기초적인 예절을 익히게 하는 동시에 악樂을 가르치며 시를 외우게 한다. 여기서 악은 악기를 다루는 것이요 시는 노래를 말한다. 예를 들어 『시경』에 기록된 305수는 사실 모두 노래다. 이때 무용도 가르치는데 작勺에 맞춰 추는 춤이다. 원래 악樂에는 무용이 포함되므로 무용은 당연히 교육된다. 그리고 성장에 맞춰 춤도 고급으로 바뀌니, 15세 성동成童(소년)이 되면 상象의 춤을 배우고 20세가 되어 성인식을 치르면 대하大夏를 익힌다. 여기서 작시勺詩는 주나라 무왕을 칭송한 노래인 주송의 작1장勺一章인데, 내칙에 13세에 작을 춤춘다 하니 곧 이 시로 가락을 맞춰 춤을 추는 것이다. 작은 약籥으로 고대에 쓰던 작은 피리다. 작은 피리를 쓰므로 어린 시절에 걸맞다.[2] 상시象詩는 주송周頌 가운데 무1장武一章이다.[3] 무武는 무무를 추는 시인데, 문왕의 덕을 계승한 무왕의 무공을 아우님인 주공이 칭송한 시로 춤을 추면서 노래한다. 대하大夏는

음악, 마음을 다스리다

피리를 부는 천인, 높이 12.0cm, 통일신라, 국립중앙박물관.

고대 하나라의 음악인데 우아하면서도 멋있게 추는 춤으로 문무文舞와 무무武舞를 겸비한 춤이라 한다.

당시 교육과정에서의 춤은 입으로는 『시경』의 시를 노래하며 사지오체는 거기에 어울리는 춤을 추는 것이다. 요즈음으로 말하면 문학과 음악과 무용교육이 동시에 이루어지는 셈이다. 이처럼 춤과 노래와 기악 연주는 어린 시절의 교육과 학습에서 중요한 과목이 되었다. 고대에는 천자로부터 서민까지 노래와 기악은 물론, 누구나 춤을 배웠고 또 출 수 있었다. 춤은 사람의 동작을 의젓하고 우아하게 하며 바르지 않은 몸과 팔다리의 자세를 바로 잡아준다. 씩씩한 춤은 용기를 주고 우아한 춤은 여유를 준다. 그리고 춤은 심신을 건강하게 하고 자신감과 자립심을 길러준다. 오늘날 교육과정에 무용이 없는 것은 이 점에서 매우 아쉬운 일이다. 여기서는 열 살부터 본격적으로 음악으로 심신을 건전하게 함양하는 음악 교육의 과정과 내용을 말하고 있다.

【 논어 1 】 원문 16

공자께서 말씀하셨다. 시 300편을 외우되 정치를 맡겼을 때 업무를 처리하지 못하고, 사방에 사신으로 보냈을 때 임무를 완수하지 못한다면 비록 많이 외웠다 한들 무슨 소용이 있겠는가.

「자로子路」

『시경』에 실린 시 300편을 줄줄 외우더라도 정무를 맡기면 전혀 불통인 사람이 있다면, 무슨 쓸모가 있겠으며 또 외교관으로 다른 나라에 파견하였을 때 전혀 국익을 책임지고 상황에 맞게 응대하지 못한다면 이 또한 무능한 사람이다. 시를 공부하면 정서가 계발되고 아는 것이 많아진다. 그런데도 이에 능하지 못하다면 시 300편을 다 외운들 무엇 하겠느냐는 말이다. 시 자체보다 그 효용성에 무게를 둔 지적이다. 중국은 각종 외교에서 중국 고유의 한시를 즐겨 인용하여 그 외교적 의미를 예술적으로 표현한다. 2013년 6월 시진핑 주석은 중국을 예방한 박근혜 대통령을 환영하는 자리에서, 당나라 시인 왕지환王之渙(688~742)의 「등관작루登鸛雀樓」를 통해 한중 양국의 관계 발전을 위해 다시 한 층계를 더 올라가자는 뜻을 담기도 했다.

관작루에 올라

백일은 서산에 기대어 넘어가려 하고	白日依山盡
황하는 바다로 흘러들어 가는구나	黃河入海流
천리를 보는 눈을 다하기 위하여	欲窮千里目
다시 누대 한 층을 올라가네	更上一層樓

【주희 4】 원문 17

이남二南(주남과 소남)을 근본으로 하여 그 실마리를 구하고, 열국에 참여하여 그 변함을 다하고, 아雅에서 바루어 그 규모를 크게 하고, 송頌에서 화하여 그 그칠 것을 요구하니 이것이 시를 배우는 큰 뜻이다.

『시경집전』「서」

『시경』을 공부하는 시학詩學의 태도를 말하고 있다. 가장 우아하고 화평한 노래인 '주남' '소남'을 바탕으로 열국의 시들을 배우고 익힌다. '주남'과 '소남'이 다른 나라들에서 어떻게 변화하는지 감상하면서 말이다. 그런 뒤 '소아'와 '대아'를 학습하여 그 마음을 더 바르게 하고 웅장하게 한다. 그다음에 '송'을 배워 조화시킨다. 이것이 시를 배우는 요령이라는 주자의 시학관詩學觀이다. 『시경』 서문을 음미하면서 시학의 목적과 내용, 그 교육 방법과 교육 효과를 간략히 살펴보았는데, 고대의 시교詩敎는 곧 악교樂敎이니, 음악 교육의 목적, 내용, 방법과 효과를 이야기한 것이다.

【 논어 2 】 원문 18

공자가 아들 백어에게 말했다. "너는 '주남'과 '소남'을 배웠느냐? 사람으로서 '주남'과 '소남'을 배우지 않으면 바로 담장 앞에 붙어 서 있는 것과 똑같이 된다."

「양화陽貨」

음악, 마음을 다스리다

공자의 『시경』 예찬 가운데 유명한 대목이다. 자신의 외아들인 백어(공리의 자)에게 시를 배우라는 가르침을 간략히 전하는 장면이다. 시, 특히 '주남'과 '소남'을 모르는 사람은 얼굴을 담벼락에 붙이고 서 있는 사람과 같이 꽉 막혀 답답한 인간이 된다는 말이다. 시를 모르는 자, 음악을 듣지 않는 사람. 그 사람의 정서는 얼마나 메마를까?

하필 주남과 소남을 말하는 것은 시경에 실린 305수의 시 가운데 가장 소박하고 순수한 정감을 노래했기 때문이다. 마치 영산회상 9곡 가운데서도 첫 번째인 상영산이 가장 순수하게 아름답듯이 말이다.

03단계:
치국의 악

【주희 5】 원문 19

옛날 주나라가 성할 때에 위로 교묘郊廟와 조정으로부터 아래로
향당과 여항에 이르기까지 그 말이 순수하여 바른 데에서 나오
지 않음이 없는 것은, 성인이 진실로 이미 성률에 맞춰 시골 사
람에 쓰며 나라에 써서 천하를 교화하셨다. 열국의 시詩에 이르
러서는 천자가 순수巡狩하시면서 또한 반드시 (시를) 베풀게 하여
관찰하여 내치고 올리는 법도를 행하셨는데, 소왕·목왕으로부
터 내려간 이후로는 점점 허물어지다가 동쪽으로 옮기는 데(낙양
천도) 이르러서 마침내 『시경』이) 폐하여 가르쳐지지 못했다.

『시경집전』 「서」

주나라는 고공단보로부터 덕을 쌓아 문왕에 이르러 그 덕이 천하에 가득하게 되었고 마침내 문왕의 아들 무왕(제1대)에 이르러서는 은나라를 쫓아내고 중원천하를 차지하게 되었다. 그리고 주공의 섭정으로 종법제와 봉건제도를 실시하는 동시에, 예악 정치를 구현하여 성왕(제2대)과 강왕(제3대)에 이르기까지 근 70년간 천하는 부유하고 백성은 도의를 알게 되었다. 음악은 아름다웠고 민심은 순후했으며 사양하고 검박한 기풍이 천하에 넘쳐 태평연월을 구가했다. 그러나 소왕(제4대)과 목왕(제5대)에 이르러 예악 정치가 쇠퇴하기 시작하여 진시陳詩와 채시采詩가 잘 시행되지 않았다. 임금은 사치하고 민심이 이탈하기 시작되어 주 왕실의 위덕이 서서히 약해졌다. 그러는 사이 제후국의 인구와 산업경제가 발전해 마침내 춘추시대로 진입하게 된다.

반고의 『한서』「예문지」에 따르면 진시와 채시라는 것은 다음과 같다. 옛날 주나라에는 채시관이 있어 각 지방에 유행하는 시가들을 수집했는데, 임금은 이것을 보고 민심의 동향을 살펴서 정치의 잘잘못을 알아 올바른 행정을 모색했다. 그리고 제후들이 천자에게 실무를 보고할 때 각기 자기 지방에 유행하는 시가들을 모아 바쳤고 천자가 각 지방을 순수할 때 제후들이 진시를 행했다는 기록이 있다. 이러한 채시·헌시·진시 제도로 인해 여러 지방에서 유행하던 노래들이 수집되었으며 이것이 『시경』의 바탕이 되었던 것으로 보인다. 이 제도는 한나라에 계승되어 악부樂府라는 관청에서 전문적으로 지방의 시가들을 수집하여 민심의 동향도 알고 그 가운데 좋은 곡은 조정의 연회 등에서 사용하기도 했다. 이때 노랫가락과 가사가 갖춰진 것을 가歌라고 하고 가사만 있는 것을 요謠라고 했다. 나중에는 전문 악사들이 가사에 노래를 붙여 작곡하기도 하고 가요를 흉내내어 짓기도 했다. 악부에 모이거나 그 형식을 모방해 지은 시를 악부시라 하고 그 시체를 악부체라고 한다. 악부시는 당나라에서도 많이 지어졌다.

주 소왕과 주 목왕 이후로 시교詩教가 서서히 무너졌고 마침내 귀족의 가택이나 방방곡곡의 동네에서 들리던 시를 노래하는 온유한 소리가 들리지 않게 되었다는 주자의 개탄하는 글이다. 주자의 이 탄식은 또한 주염계와 정이천의 견해에 동조한 것이기도 하다.

【예기 4】 원문 20

> 대체로 음이 일어나는 것은 인심에서 말미암아 생긴 것이며, 인심이 움직이는 것은 사물이 그렇게 만든 것이다. 인심이 사물에 감응하면 움직이어 소리로 형용되고 소리가 서로 응하여 변화가 생긴다. 변화가 형식을 이룬 것을 음이라 하고, 음을 배열하여 악기로 연주하여 간·척·우·모에 미치는 것을 악이라고 한다.
>
> 「악기」

음악의 유래를 말하고 있다. 사람은 사물에 감응하여 감정이 발동하고 이것은 음으로 나와 소리로 표현된다. 멋있는 설경을 보고 저도 모르게 "아, 좋구나!" 하고 감탄사가 나오는 것이다. 이 감흥이 커지면 저절로 흥얼거리거나 외치는 영탄의 소리聲가 되다가, 일정한 장단과 가락이 덧붙여지면 노래가 되니 그것을 음音이라 한다. 여기에 다시 악기가 보태지고 무구舞具를 잡고 춤추면 악樂이 된다는 것이다.

「악기」 주에 따르면, "여러 가지로 조합된 것을 음이라 하고 한 가지 소리로만 나는 것을 성이라 한다"[4] 했고, 「악기」 소疏에서는 "성이 변전하고 화합하여 조화를 이룬 것을 음이라 하는데, 음은 곧 오늘날의 가곡"[5]이라 했다. 그리고 『시경』「서」에서는 "감정은 성으로부터 나타나고, 성이 시와 조화를 이룬 것을 음이라고 한다"라고 했다. 다시 「악기」의 주석을 보면 성이 상응하면 자연히 청탁고하의 변화를 낳게 되며 그것이 노래의 법방을 이룰 때 음이라 하는데 그것은 곡조와 같다. 그 음을 여러 가지로 합성하여 악기로 연주하고 간척과 우모를 잡고 추는 무용과 연결될 때 악이라고 하고 있다.[6] 이처럼 음은 다양한 소리가 여러 가지로 절제되고 조화되어 형식을 갖춘 문채를 드러내보인 것이다.

이상 『예기』「악기」의 악론樂論에 따르면 사람의 음성, 즉 노래가 생각과 감정이 음악이 되는 과정의 중간에서 핵심적인 위치를 점하고 있다는 것을 알 수 있다. 고대에 『악경樂經』이 있어 유가의 육경 가운데 들어갔다 하나 전하지 않고, 『예기』 19편은 곧 「악기樂記」인데 『순자荀子』의 「악론樂論」과 함께 음악에 관한 뛰어난 철리哲理가 담겨 있다. 참고로 음악과 관계되는 내용이 다수 들어있는 「왕제王制」는 『예기』의 5편, 「학기學記」는 『예기』의 18편, 「대학大學」은 『예기』의 42편 , 「중용中庸」은 『예기』의 31편, 「중니연거」는 『예기』의 28편, 「공자한거」는 『예기』의 29편에 해당된다.

이런 까닭에 선왕은 감흥시키는 것을 신중히 했다. 그러므로 예
禮로 그 뜻을 인도하고 악樂으로 그 소리를 조화롭게 했으며, 정
政으로 그 행실을 한결같게 하고 형刑으로 그 간사함을 막았다.
예악형정이 이름은 다르나 그 궁극의 목표는 하나이니, 민심을
하나로 화합하여 치도治道를 실현하는 것이다.

「악기」

사람이 음악에 의해 감응됨이 빠르고 깊으므로 옛 성군들은 그것을 조
심하여, 좋은 음악을 보급했다. 그러므로 예교禮敎나 정악正樂이나 법형法刑
이나 덕정德政이 그 취지는 같다. 그러나 그 기본을 예악에 두는 것이 유교
정치학이다.

예와 악은 새의 두 날개와 같다. 거듭 강조하지만 수신과 치국에 있어서
필수 불가결의 존재들이다. 그러나 악樂은 보이지 않는 가운데 여럿의 조
화로써 선善과 미美를 추구하므로 그 진정眞情을 알기가 어렵다. 예와 악의
상호 보완되는 특성을 도식으로 표시해본다.

禮 - 地 - 序 - 敬 - 事 - 近義 - 身 - 異 - 敬: 수사합경자殊事合敬者
樂 - 天 - 和 - 愛 - 文 - 近仁 - 心 - 同 - 親: 이문합애자異文合愛者

이 도식을 간략히 설명한다. 예와 악은 서로 반대되는 성질을 지니면서도 묘하게 보완·결합되는데, 예를 들어 예는 땅의 성품을 지녔고 악은 하늘의 성품을 지니고 있다. 그리고 예는 질서와 순서를 말하고 악은 조화와 화합을 말한다. 다음, 예는 공경함을 그 본질로 하고 악은 사랑함을 그 본질로 한다. 예는 일에서 드러나고 악은 문채에서 드러난다. 즉 예는 혼인, 기념행사, 손님맞이 등에서 그 일의 진행과 처리를 어떠어떠하게 하라는 절차와 방법을 가르쳐주는데, 악은 다양한 모습의 춤과 가락과 여러 악기가 어울리는 절주를 보여준다.

그다음, 예는 의義에 가깝고 악은 인仁에 가깝다. 예는 가다듬고 바르게 하는 가을과 겨울의 특성이 있고 악은 피어나고 펼치는 봄과 여름의 특성이 있어, 예는 올바른 일을 지향하는 정의의 실천과 흡사하고 악은 만물을 평안하게 해주는 인덕의 마음에 가깝다는 것이다. 따라서 예의 요점은 몸을 닦는 데 있고 악의 요점은 마음을 닦는 데 있다. 그런데 무엇보다 예와 악의 가장 큰 차이점은 악은 같게 하고 예는 다르게 한다는 점이다. 음악은 같음을 지향하므로 서로를 친애하게 하고 예절은 다름을 지향하므로 서로를 공경하게 한다.[7] 따라서 치국에 최선을 다하려면 예와 악의 상호 보완관계를 잘 활용해야 한다.

무릇 음이란 사람의 마음에서 생긴 것이다. 정이 마음속에서 움직이기 때문에 소리로 나타나니, 소리가 문채를 이룬 것을 음이라고 한다. 이런 까닭으로 치세의 음은 편안하고 즐거우니 그 정치가 화평하기 때문이고, 난세의 음은 원망에 차 있고 노기를 띠니 그 정치가 어그러졌기 때문이고, 망국의 음은 슬프고 시름겨우니 백성이 곤궁하기 때문이다. 이같이 성음의 도는 정치와 더불어 통한다.

「악기」

인심과 음악은 그 성격을 같이한다. 수학에서 사용되는 대수의 법칙이 적용된다. 대수의 법칙law of large numbers은 작은 규모 또는 적은 수로는 불확정적이지만, 대규모나 다수로 관찰하게 되면 거기에 일정한 법칙이 있음이 드러난다는 이론으로 통계학의 한 법칙이 되고 있다. 몇 명의 국민은 좋은 음악을 듣고 몇 명의 국민은 나쁜 음악을 들을 수 있겠지만, 국민 전체의 규모로 볼 때 원망스럽고 슬픈 음악을 듣는 사람이 훨씬 더 많다면 그 나라는 원망이 많고 슬픔이 가득한 나라라는 것이다. 물론 소수의 건전한 음악을 즐기는 자들이 있더라도 국민 전체로 보아 그 수가 적다면 힘을 쓰지 못하게 될 것이기 때문이다. 이처럼 음악의 도는 정치의 길과 상통한다.

【예기 7】 원문 23

대체로 음이란 사람의 마음에서 생긴 것이고, 악이란 윤리와 통하는 것이다. 그러므로 성聲은 알아도 음音을 알지 못하는 자는 금수이고, 음은 알아도 악樂을 알지 못하는 자는 뭇 사람이다.
오직 군자만이 능히 악을 안다. 그러므로 성을 살펴 음을 알고,
음을 살펴 악을 알고, 악을 살펴 정치를 알면 정치의 도가 갖추
어진다. 그러므로 성을 알지 못하는 자와는 더불어 음을 말할
수 없고, 음을 알지 못하는 자와는 더불어 악을 말할 수 없으니,
악을 알면 예에 가깝게 된다. 예와 악을 모두 얻은 것을 덕이 있
다고 하니, 덕이란 득이다.

「악기」

『예기』에서 역설하는 음악의 윤리적·정치적 중요성을 잘 표현한 글이
다. 먼저 누누이 나온 말이지만, 음은 사람의 마음에서 나오고 악은 인간
의 윤리에 통한다凡音者 生於人心者也 樂者 通倫理者也. 그런데 일반 사람은 음
은 알지만 악을 이해하지 못한다. 새와 짐승은 소리는 아는데 음을 구별하
지 못한다. 소리, 즉 성聲은 음가音價가 없고 음은 음가가 있다는 개념 정의
다. 오직 군자라야 악에 통하며 악을 알아야 정치를 알 수 있다. 악을 안다
면 거의 예에 통달했다 할 수 있으며 예와 악을 모두 얻은 상태를 일컬어
유덕하다고 한다唯君子爲能知樂. 是故審聲以知音, 審音以知樂, 審樂以知政, 而治道備
矣. 是故不知聲者不可與言音, 不知音者不可與言樂. 知樂則幾於禮矣. 禮樂皆得, 謂之有德.

여기서는 넓은 의미의 예라는 개념이 쓰였다. 넓은 의미의 '예'에는 '악
樂'도 포함되며 '학學'도 포함되는 것으로 보인다. 『예기』란 책 가운데 「학
기」도 있고 「악기」도 들어 있는 것이 그것을 입증한다. 특히 고대의 음악

은 제왕의 정치행위와 궁중에서의 각종 의식, 의례와 깊은 관계가 있다. 따라서 "음악이 행해지면 이목이 총명해지고 혈기가 화평하며 풍속이 후덕하고 아름답게 변화하여 천하가 모두 평안해진다故樂行而倫淸, 耳目聰明, 血氣和平, 移風易俗, 天下皆寧"고 한다.

【예기 8】 원문 24

> 이런 까닭으로 악의 융성함은 성음의 아름다움을 극진히 하는 것이 아니며, 사향의 예는 맛을 지극히 하는 것이 아니다. 청묘에서 연주하는 슬은 붉은 줄을 누이고 악기 구멍을 넓게 하며, 한 사람이 노래하면 세 사람이 화답하여도 남는 음이 있으며, 대향의 예는 맑은 물을 바치고 날생선을 올려놓으며, 큰 국에는 양념을 하지 않아도 남는 맛이 있다. 그러므로 선왕이 예악을 제정함은 입과 배와 귀와 눈의 욕구를 극진히 하는 것이 아니라 이 것을 가지고 백성으로 하여금 좋아하고 싫어함을 공평하게 하여 인도人道의 바른 곳으로 돌아가게 하려는 것이다.
>
> 「악기」

이것은 '무성의 악' '무체의 예'를 설명하는 글과 비슷하다. 궁중의 큰 잔치인 사향에서 산진해착의 진미를 제공하는 것만이 잘하는 예법이 아니다. 『예기』의 「공자연거」 편에서도 "사향의 예는 손님에게 어질게 대우하는 것食饗之禮는 所以仁賓客也"이라 했다. 청묘는 문왕의 제사를 지내는 종묘다. 여기서 연주하는 최고의 음악은 붉은 줄에 큰 구멍이 뚫려 둔탁한 소리를 내는 슬을 사용한다. 그리고 거기서 부르는 가창은 한 사람이 담담히 노래하면 세 사람이 재창하는 정도로 매우 소박하게 부른다. 전혀 웅장하거나 화려하지 않다. 최고의 술은 맑은 맹물이요 최선의 탕은 소금 간도 하지 않은 국이다. 맛은 사람을 현혹시킬 수 있다. 특히 진귀한 것일수록. 고기도 삶지 않은 생고기를 쓰는 것이 최고로 치니, 이 대우를 받는 이를 '혈식군자血食君子'라 한다. 예에 의복을 중히 여기고 악에 금슬을 소중히 하지만, 거기에 예와 악의 정신이 있는 것은 아니다.

「대학」의 '정심正心' 장에서도 "마음에 분노하는 바가 있으면 그 바름을 얻지 못하고 두려워하는 바가 있으면 그 바름을 얻지 못하고 좋아하는 바가 있으면 그 바름을 얻지 못하고 근심 하는 바가 있으면 그 바름을 얻지 못한다"라고 했다. 특히 '마음에 좋아하는 바가 있으면 그 바름을 얻지 못한다有所好樂則不得其正[8]라고 했다. 소리와 빛은 우리의 마음을 흔들어 감정을 일으키고 무언가를 좋아하거나 싫어하게 만든다. 좋아하고 싫어하는 마음은 분별을 일으킨다. 그리고 집착을 가져오며 나아가 투쟁을 초래한다. 얻고 싶은데 얻지 못하면 아쉬움이 일어나고 원망이 생기며 한이 맺히게 된다. 호오好惡의 감정은 기호나 탐닉으로 자랄 수도 있고 증오와 질투로 바뀔 수도 있다. 인간 세상에 가득한 눈물과 한숨과 질투와 투쟁은 분별심에서 나온다. 그리고 분별의 원천은 좋아하고 싫어하는 것이다. 그리하여 「대학」에서 성내는 것이 있으면 바른 마음이 아니요 좋아하는 것이 있어도 바른 마음이 아니라고 한 것이다.

따라서 수양하는 마음은 청천백일처럼 맑고 밝고 시원해야 한다. 무엇인가를 특별히 좋아하는 것은 정심 공부에 방해가 된다. 그러므로 제일가는 예와 악은 좋아하고 싫어하고를 초월한, 일견 재미가 없는 볼거리와 담담한 들을거리, 맛없는 먹거리를 사용한다. 우리나라의 문묘제례악과 종묘제례악의 성악과 무용도 다소 지루한 것 같으나, 청묘의 악에 비교하면 너무 화려하여 사치스럽다 할 정도다.

【예기 9】 **원문 25**

악은 가운데에서 나오고 예는 밖에서 만들어진다. 악은 안에서 나오므로 고요하고, 예는 밖에서 만들어지므로 문채가 난다. 큰 음악은 반드시 쉽고 큰 예절은 반드시 간단하다. 악이 지극하면 원망이 없고 예가 지극하면 다투지 않으니, "읍양하면서 천하를 다스린다"는 것은 예악을 이르는 말이다.

「악기」

음악은 마음에서 우러나오니 감상도 작곡도 한다. 예절은 몸가짐이 중요하다. 몸가짐으로써 마음가짐까지 규제하는 것이 그 본령이다. 고요한 마음에서 좋은 음악을 연주할 수 있고 단정한 모습에서 올바른 예절을 펼칠 수 있다. 그런데 무엇이든 근본적이고 진정한 것은 알기 쉽고 단순하다.

음악, 마음을 다스리다

「종묘친제규제도설병풍」 중 제5폭, 비단에 채색, 19세기 후반, 국립고궁박물관.

큰 음악은 천지와 더불어 조화를 함께 하고, 큰 예절은 천지와 더불어 절도를 함께 한다. 조화로우므로 백물을 잃지 않으며, 절도가 있으므로 천지에 제사지낸다. 밝은 데에는 예악이 있고 그윽한 데에는 귀신이 있으니 이같이 하면 사해의 안이 공경을 합치고 사랑을 같이 한다. 예는 일이 다르나 공경에서 합해지고, 악은 문채가 다르나 사랑에서 합해지니, 예악의 정은 같다.

「악기」

유교에서는 치국평천하의 요체로 예와 악을 사용하므로 그 예와 악의 대의大義는 유교 철학이 바탕하는 천지자연의 이법과 관련되어 해석된다. 이를 『예기』에서는 "큰 음악은 하늘과 땅과 조화를 함께 이루며 큰 예절은 천지와 절도를 함께 이룬다"라고 했다. 천지의 질서와 그 조화를 함께 하는 것이 위대한 예절이요 음악이라는 뜻이다. 이처럼 예는 하늘의 질서요 악은 하늘의 조화다. 하늘과 땅의 평화스러움이 음악의 본 모습이요 하늘과 땅의 질서 있는 작용이 예절의 기본이다. 예와 악은 몸을 태우는 수레의 두 바퀴요 나라를 업고 나는 새의 양 날개다. 예악은 서로 대칭되며 조화된다. 예악의 조화와 겸수兼修는 나라를 태평하게 하고 심신을 장려하게 한다. 유교 공부에서 예악의 겸수겸전은 필수적인 사항이다. 그런데 우리나라의 유교 공부에서는 일찍이 세종대왕이 지적한 바와 같이 예에 비해

악에 대한 인식과 실천이 지나치게 부족했다. 그 불균형은 성리학의 발달에 따라 더욱 심해지다가 실학 시대를 맞아 다소 시정되었으나, 정치에서는 더욱 멀어져갔다. 따라서 그 균형을 잡을 필요가 있었는데, 순조 시절 3년 3개월간 대리청정을 한 효명세자에 의하여 궁중무용을 중심으로 일시 되살아났다.[9] 그는 '춘앵전' '가인전목단' '무산향' 등의 정재呈才를 친히 만들고 『기축 진찬의궤己丑進饌儀軌』와 『무자 진작의궤戊子進爵儀軌』를 제작하여 예악을 일으켜 국기를 쇄신하려 했다.

【예기 11】 원문 27

악은 천지의 조화이고 예는 천지의 질서다. 조화로우므로 백물이 모두 감화하고 질서가 있으므로 온갖 사물이 구별된다. 악은 하늘에 말미암아 만들어지고 예는 땅을 써서 지어진다. 예를 잘못 지으면 어지럽고 악을 잘못 만들면 사나우니, 천지의 이치에 밝은 연후에야 능히 예악을 일으킬 수 있다.

「악기」

진정한 음악은 천지의 조화 그 자체이고, 진정한 예법은 천지의 질서 그 자체다. 천지의 이치에 통달한 인물이 되어야 진정한 음악과 진정한 예법을 알 수 있다. 예로부터 한 나라를 개창하고 새 시대를 연 임금은 자신의 치국이념과 국태민안을 염원하는 음악을 제정했는데, 황제 헌원씨는 운

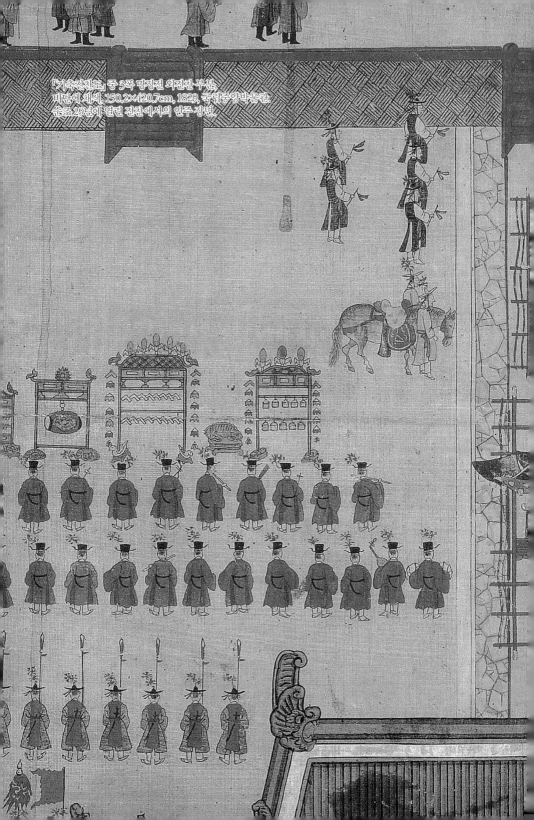

「기축진찬도」 중 3폭 명정전 외진찬 부분,
비단에 채색, 150.2×420.7cm, 1829, 국립중앙박물관.
순조 29년에 열린 진찬에서의 연주 장면.

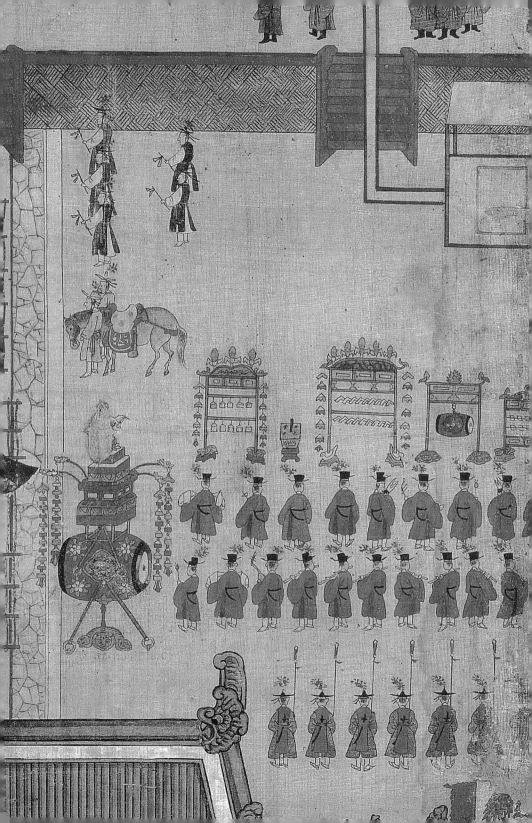

「무신진찬도」의 가인전목단과 무고 부분.
이들 정재에 참여한 인원수는 최대 17명
까지 늘기도 했다.

「무신진찬도」에 표현된 춘앵무.
화문석 위에서 자리를 벗어나지 않고 춘 춤으로 절제의 미를 발휘했다.

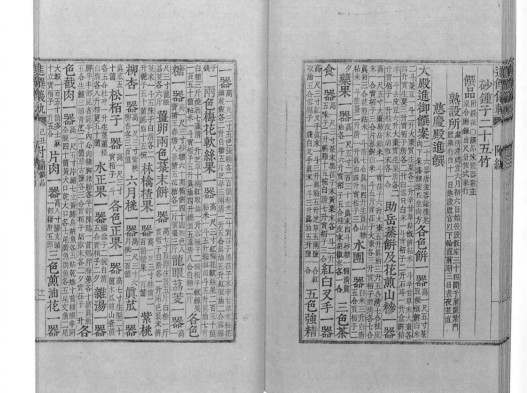

『순조기축진찬의궤』, 1829, 한국학중앙연구원 장서각.

「기축진찬도」중 '내진찬'
비단에 채색, 150.2×420.7cm, 1829, 국립중앙박물관.

鉦

鐵笛

戚篥

鐃

笳

浮漚

雲羅

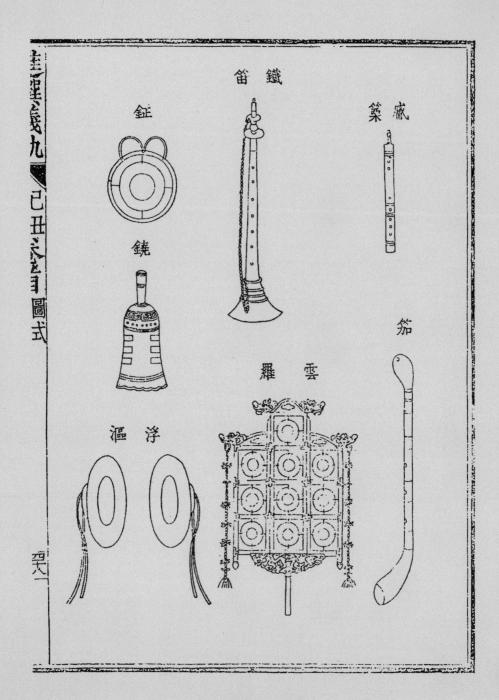

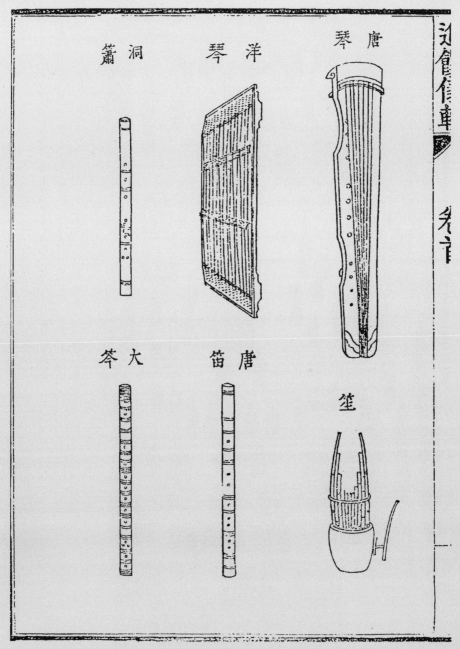

簫洞　　　琴洋　　　琴唐

笒大　　　笛唐

笙

『순조기축진찬의궤』에 실린 궁중 연향의 이색 악기들, 1829, 규장각한국학연구원.

문雲門이요, 요 임금은 대장大章이요, 순 임금은 대소大韶요, 우 임금은 대
하大夏이며, 탕 임금은 대호大濩, 주 무왕은 대무大武였다. 이를 본받아 송
나라는 대성大晟, 금나라는 대화大和, 원나라는 대성大成을 국악으로 했고
조선의 세종은 당대에 정비하고 창제한 음악을 균화鈞和라 했다.[10] 이처럼
'제례작악制禮作樂'은 성군聖君의 주요 사업이며 교화의 요점이다. 이같은
방법으로 대인이 예악을 실행하면 천지가 밝아진다. 『예기』에서는 대인이
예악을 천하에 베풀면 그 화기로 인하여 천지의 활동이 조화롭고 만물이
번창하게 된다는 것을 다음과 같이 표현한다.

"천지가 기쁘게 합하고 음양이 서로 조화를 이루어, 만물을 따뜻하게
감싸고 덮어 기른다. 그 뒤에 초목이 우거지고 싹이 돋아나며 새들이 날개
를 퍼덕거리고 짐승의 뿔이 솟아나며 겨우내 칩거해 있던 벌레들이 소생
하고 날짐승들은 알을 품으며 길짐승들은 잉태해 기르고 태생하는 것들
이 낙태되지 않으며, 난생하는 것들은 알이 깨져 죽지 않으니, 곧 악의 도
가 돌아가 맺어주는 것이다."

【예기 12】 원문 28

사도司徒는 육례六禮를 닦아서 백성의 성품을 절제한다. 칠교七教
를 밝혀서 백성의 덕을 진흥시킨다. 팔정八政을 가지런히 하여 백
성이 방종에 흐르는 것을 막는다. 도덕을 하나로 하여 백성의 풍
속을 같게 한다. 늙은이를 길러 효도를 다하게 한다. 고孤와 독
獨을 구휼하여 의식이 부족한 자에 미치고 어진 이를 높여서 덕

음악, 마음을 다스리다

사도는 고대에 교육을 담당하는 관직이다. 악정에 비하여 주로 보통교육과 소학 차원의 교육을 담당했다. 주나라의 교육제도를 종합적으로 요약하는 글이다. 먼저 관례·혼례·상례·제례·향례·사상견례士相見禮의 여섯 가지 예의를 닦게 하여 우아하고 절도 있으며 화기애애하면서도 공경스러운 예의범절의 실천으로 도덕성을 발달시킨다. 그다음 부자·형제·부부·군신·장유·붕우·빈객 등 일곱 가지 인간관계에 관한 가르침을 분명히 밝혀서 백성이 예절 바르고 서로 사랑하며 존중하고 배려하는 기풍을 진작시켜 나간다. 그리고 음식·의복·사위事爲·이별異別·도度·양量·수數·제制의 여덟 가지 정사를 두루 보급하여 백성이 온유하고 돈후한 사람으로 거듭나며 나라 전체가 정도로 나아가게 한다.

예의와 윤리를 하나로 통일하여 풍속이 좋은 방향으로 하나 되게 하며, 노인을 노인으로 대접하면서 국가 차원에서 봉양을 실시하고 외롭고 힘없는 고아孤나 독거노인獨을 돌봐주어 가난한 사람에게까지 미치게 하는 복지 정책을 펼친다. 그리고 현인을 높이고 불초한 이를 내치어 나라의 기강을 세우고 덕풍德風이 온 나라에 가득하도록 최선을 다한다. 참고로 「왕제」의 팔정八政은 위와 같이 주로 경제생활에 관한 것인데, 「홍범」의 팔정은 음식食, 재화貨, 제사祀, 토목司空, 교육司徒, 상벌司寇, 외교賓, 국방師 등 정부 행정의 여덟 가지다.

이상이 주나라의 교육 정책의 대략인데, 현대 정치나 행정의 입장에서도 이 정도의 문화복지국가를 지향하는 구체적인 제도와 정책을 만들기 어려울 정도로 훌륭하다. 공자는 늘 주나라를 따르겠다고 했고 꿈에 주공周公을 못 본 지도 오래되었다고 탄식했는데, 문왕과 무왕, 주공이 창업하고 경영한 주나라가 얼마나 도덕 국가를 지향했는가를 알 수 있게 한다.

【예기 13】 원문 29

악정은 네 가지 술을 존숭하고 네 가지 가르침을 세운다. 선왕이 남긴 시서예악의 가르침에 따라 선비를 양성하는데, 봄과 가을이면 예악을 가르치고 겨울과 여름에는 시서를 가르친다.

「왕제」

악정은 음악 교육을 장악하는 관직이다. 술術은 도로의 이름으로서 '길'이라 할 수 있다. 사술四術과 사교四教란 '시서예악' 네 가지의 교육이다. '시서예악'으로 들어가는 길이라서 술이라 말했다. '춘추예악春秋禮樂'과 '동하시서冬夏詩書'는 상당히 유명한 말인데, 봄과 가을에 시서를 가르칠 수 없고 겨울과 여름에 예악을 가르칠 수 없다는 것은 아니지만, 이왕이면 그 계절과 교과의 성질을 배려하여 교육과정을 운영한다는 취지다.

『예기』「중니연거」 편에 있는 이와 관련한 글을 소개한다. 장차 학업을 마치고 나가려 할 때는 소서·대서·소악정이 그 가르침을 따르지 않은 자

음악, 마음을 다스리다

를 가려서 대악정大樂正에게 보고한다. 대악정은 이를 다시 임금에게 고하고, 임금은 삼공·구경·대부·원사에게 명하여 모두 국학에 들어가게 되는데, 그래도 변하지 않으면 임금이 몸소 국학을 시찰한다. 이렇게 해서도 선한 사람으로 변하지 않을 때는 임금이 식사할 때 사흘 동안 주악을 그만두게 해서 자책하고 이들을 먼 곳으로 쫓아낸다. 대악정이 졸업생 중에 조사造士로서 우수한 자를 논정해서 임금에게 고하고 사마司馬에게 추거하는데, 이것을 진사進士라고 한다. 사마는 관재官才를 변론하여 진사 중에서도 현명한 자를 논해서 왕에게 보고하여 의론을 정한다. 의론이 정해진 뒤에야 벼슬에 임명하고, 임명한 뒤에야 지위를 주며, 지위가 정해진 뒤에야 녹을 준다. 이상 도덕 예악으로써 인재를 등용함을 알 수 있다.

자장이 정치를 여쭈니, 공자께서 말씀하셨다. "사야! 전에도 네게 말하지 않았느냐? 군자가 예악을 밝히며 훌륭한 인물을 들어 올려 바로잡으려는 데 있을 뿐이다."

「중니연거」

자장子張은 공자의 뛰어난 제자 가운데 하나인데, 성은 전손이요 이름은 사師다. 자장은 그의 자다. 뒤편에 나오는 「악기」의 "인군이 좋아하면 신하들이 그것을 행하고, 윗사람이 행하면 백성이 그것을 따릅니다"란 글에서 한번 살펴볼 글과 대동소이한 글인데, 정치의 도는 예악을 밝히는 데 있고 그것은 예악에 밝은 훌륭한 인물을 뽑아 쓰는 데 있을 뿐이라는 지적이다. 예악에 관하여 자장이 다시 더 묻자 공자는, "사야, 너는 걸상이나 자리를 펴고 층계를 오르내리고 주인과 손님이 술을 부어서 서로 권하고 한 뒤라야 예라고 생각하느냐. 또 많은 사람이 줄을 맞춰 춤추며 깃과 피리를 들고 종과 북을 울리고 한 연후에야 이를 악이라고 생각하느냐. 말을 하고서 이를 몸소 실천하는 것이 예다言而履之, 禮也. 실천하고서 즐거워하는 것이 악이다行而樂之, 樂也. 군자가 이 두 가지 일을 힘쓰면서 남면하고 서 있으면, 대개 이것으로써 천하는 태평해진다" 하였다.

【예기 15】 원문 31

위문후가 자하에게 묻기를, "내가 곤룡포과 면류관을 갖추고 옛 음악을 들으면 눕게 될까 두렵지만 정나라·위나라의 음악을 들으면 권태로운 줄 모르니, 감히 묻건대 고악古樂이 저와 같은 것은 어째서며, 신악新樂이 이와 같은 것은 어째서입니까?"라 하니, 자하가 대답했다. "고악은 무리지어 나아가고 무리지어 물러나며, 화평정대하며 넓습니다. 현악기와 포, 생황이 부와 북이 울리길 모여서 지키며, 문으로 연주를 시작하여 무로 마무리짓고, 상相으로 혼란을 다스리고 아雅로써 빨라짐을 다스리니, 군자가 여기에서 말할 수 있습니다. 여기에서 옛일을 말하여 몸을 닦아 집안에 미치고 천하를 고르게 했으니, 이것이 바로 고악이

음악, 마음을 다스리다

발현된 것입니다.”

「악기」

옛 음악의 절도와 덕성을 말했다. 옛 음악, 고악 즉 클래식한 고전음악은 대개의 사람에게 수면제 역할을 한다. 바하의 ‘샤콘느’나 ‘평균율’, 거문고회상의 ‘중영산’을 들으면 잠이 오는 것은 어쩌면 당연한 일이다. 그러나 고전음악은 문무文武를 겸비한 품격과 절도가 있으며 장중하고 우아하다. 그러면서 인간의 감성을 섬세하게 하고 심오하게 하며 풍성하게 한다. 거기다 현·포·부·고·금·석 등의 장려한 악기들과 무용이 동반한다. 이것들은 사람의 마음을 평안하게 하고 자세를 바르게 하며 도량이 넓어지게 한다. 참고로 부缶와 고鼓는 북 종류로서 시작을 알리고 상相과 아雅는 음률을 돕는 악기다.

자하는 공자의 높은 제자인데 나중에 위나라에 가서 전국시대 제일의 명군인 위문후魏文侯의 스승으로 활동했다. 공문십철孔門十哲의 한 명으로 문학에 밝았고 『시경』과 『주역』의 보급에도 공로가 있다.

【 예기 16 】 원문 32

신악은 구부려 나아가고 구부려 물러나며, 간사한 소리가 넘쳐 방탕에 빠져도 그치지 않으며, 배우의 잡희에서 난쟁이가 원숭이 모양으로 자녀들 사이에 잡되게 섞여 부자의 도를 알지 못하

니, 악이 끝나더라도 말할 수 없습니다. 옛일을 말할 수 없으니,
이것은 신악이 발현된 것입니다.

「악기」

반대로 현재 유행하는 신악新樂은 얼핏 재미있게 여겨지나, 깊이가 없고
미학적으로 격이 낮기 마련이다. 춘추시대에 배우가 장난하며 노래 부르
는 잡회가 유행했는데, 자하는 특히 이를 비판했다. 오늘날에도 몸을 현란
하게 흔들고 급박하고 무절제한 소리를 지르며 심지어 노출까지 심해 사
람들의 이목을 자극해 방탕의 길로 들어서게 하는 신악이 존재한다.

【예기 17】 원문 33

"지금 군주께서 물으시는 것은 악이고 좋아하시는 것은 음이니,
악이 음과 서로 가깝긴 하나 같지는 않습니다." 문후가 말하기
를, "감히 묻노니 어떻게 다릅니까?" 하니 자하가 대답하기를,
"옛날에 천지가 순조로워 사시가 마땅하며 백성에게 덕이 있어
오곡이 번창하며 질병이 일어나지 않아서 요상한 징조가 없었으
니, 이것을 '크게 마땅하다'고 합니다. 그런 뒤에 성인이 부자와
군신 관계를 제정하여 기강을 세우니, 기강이 이미 바르게 되어
서 천하가 크게 안정되고, 천하가 안정된 뒤에 6율을 바르게 하
고, 5성을 조화시켜, 시·송을 금슬에 맞춰 노래했습니다. 이를

덕음이라고 하고, 덕음을 악이라고 하는 것입니다."

「악기」

자하는 좋은 음악을 덕음이라 하고 있다. 다시 말하면 음과 악을 나누어 보통의 대중음악 같은 것은 그냥 음音이요 깊이가 있는 음악다운 음악은 악樂이다. 이 악을 덕음德音이라고 자하는 주장한다. 덕음은 전술한 천지자연의 운행 이치에 순응하는 음악이요 사람에게 평화와 어짊을 선사하는 음악이다. 유가에서 악이라 할 때에는 덕음을 뜻한다는 것이다.

"이제 군주께서 좋아하시는 것은 익음입니다" 하니, 문후가 "감히 묻노니 익음은 어디에서 나옵니까?"라고 말했다. 자하가 대답하기를, "정나라 음은 넘치는 것을 좋아하여 뜻을 음란하게 하고, 송나라 음은 여색을 좋아하여 뜻을 빠지게 하고, 위나라 음은 빨라서 뜻을 번잡하게 하고, 제나라 음은 오만하고 편벽되어 뜻을 교만하게 하니, 이 네 가지는 모두 색이 음란해서 덕을 해칩니다. 이런 까닭으로 제사에 쓰지 않습니다"라고 했다.

「악기」

「아극돈 봉사도阿克敦奉使圖」, 40×51cm, 1725, 중국민족도서관.
1725년(영조 1) 조선에 온 청나라 사신 아극돈의 사행을 묘사한 것으로,
잡희가 펼쳐지고 있다.

위문후가 좋아한 음악은 익음溺音이었다. 익음은 아름다움을 표현하는 것에 제한이 없어 즐겁기도 처량하기도 하며 애정 표현에 있어서도 어떤 선을 넘기도 한다. 정鄭나라와 위衛나라, 송나라, 제나라 등의 음악은 방탕하여 익음이다. 참고로 위문후의 위魏나라는 신생국 위나라로서 원래 진晉나라의 명문이며 세력가였던 위씨魏氏 가문이 독립하여 국가가 된 것이었다. 그리고 여기 나오는 위衛나라는 상당히 오래 된 나라였으나, 전국시대에 들어 곧 역사의 뒤안길로 사라졌다. 이 위나라에는 공자의 손자인 자사子思가 거주했다. 빠르고 번잡한 음악을 좋아하여 익음이라고 지탄받은 위나라는, 신하들이 위후衛侯의 말에는 무조건 "지당한 말씀입니다"라고 복창했다. 자사는 그 군신의 태도를 '아유구용阿諛苟容'이라 평가하면서 이 나라가 반드시 멸망하리라 예언했다. 임금도 신하도 경박하고 그 음악도 경박했으니, 과연 익음이 망국지음亡國之音이 된 사례라 하겠다.

【예기 19】 원문 35

> 인군이 된 자는 좋아하고 싫어함을 삼가야만 합니다. 인군이 좋아하면 신하들이 그것을 행하고, 윗사람이 행하면 백성이 그것을 따릅니다. 『시경』에 이르기를 "백성을 유도하기가 매우 쉽다"고 했으니, 이를 두고 한 말입니다.
>
> 「악기」

자하의 결론적인 충고다. 나라의 최고 지도자가 좋아하는 것은 결국 온 국민이 좋아하게 된다. 이것은 두 가지 의미를 갖는데, 첫째는 지도자가 된 자는 스스로 몸가짐을 조심해야 한다는 것이고 둘째는 국민에게 영향력을 미쳐 유도하기가 쉽다는 사실이다. 어느 회사의 대표가 팝송을 좋아하면 그 회사 직원들은 서서히 팝송을 즐기게 되고 어떤 도시의 지도자가 다도茶道를 좋아하면 그 도시의 시민들도 서서히 다도를 즐기게 된다는 이야기인데, 상당히 설득력 있어 보인다.

『논어』「안연」편을 보면, 번지樊祗가 공자에게 인仁이 무엇이냐고 여쭈자 공자는 바로 "사람을 사랑하는 것愛人"이라 했고, 지知가 무엇이냐고 여쭈자 바로 "사람을 아는 것知人"이라고 답했다. 번지가 "앎이란 곧 사람을 아는 것知人"이란 것의 의미를 풀지 못하여 다시 여쭈니, 공자는 "곧은 사람을 들어 굽은 사람 위에 앉혀 굽은 사람을 편다擧直錯枉"고 했다. 번지가 "곧은 사람을 뽑아 올려 굽은 사람들 위에 놓는 것"이란 말의 의미를 알지 못하여, 사형師兄인 자하에게 이야기를 건네자, 자하는 "선생님의 말씀은 참으로 풍부하도다" 하면서, "곧은 사람을 들어 굽은 사람 위에 앉힌다는 것은 곧 순 임금이 고요를 뽑고 탕 임금이 이윤을 들어 무리 위에 앉게 하시니, 사람들이 모두 바르게 되고 어질지 못한 사람은 나라를 떠났다. 이것이 바로 사람을 알아보는 일知人이지 아니한가" 하였다. 공자가 어린 노 애공에게도 이 말을 하고 『예기』「중니연거」편에도 이 말이 나오는 것을 보면 훌륭한 사람을 뽑아 쓰는 것이 국가 경영에서 제일가는 요점이라는 것을 짐작할 수 있다.

선비는 무고하게 금과 슬을 거두지 않는다. 성인의 도도 음악이 아니면 시행되지 못하고 제왕의 정치도 음악이 아니면 성공하지 못하며 천지 만물의 정情도 음악이 아니면 화해하지 못한다. 악樂의 덕이 이와 같고 넓고 높고 깊건만, 삼대三代 이후에는 유독 악만이 완전히 없어졌으니, 또한 슬프지 않은가? 백세 동안 잘 다스려진 정치가 없었고, 사해四海에 착한 풍속이 없음은 모두 악이 없어진 때문이니, 천하를 다스리는 자는 마땅히 뜻을 다해야 할 것이다.

『악서고존樂書孤存』

악경과 악교가 없어져 내려오지 않는 것을 애석해 하는 다산의 담론이다. 좋은 정치와 아름다운 풍속에 가장 큰 영향을 미치는 일은 바로 좋은 음악의 시행과 보급이다. 음악의 힘은 위대하므로 자칫 인심을 더욱 경박하고 사납게 만들 수도 있으니, 반드시 정음正音, 정악正樂 또는 덕음德音을 써야 한다는 것을 전제로 하고 있다.

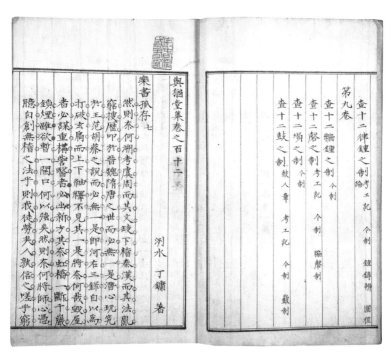

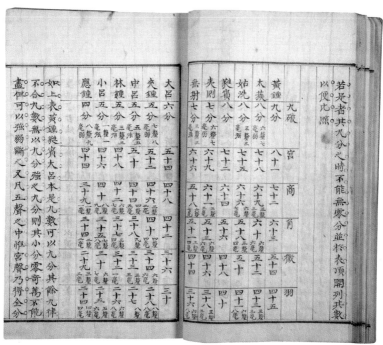

「악서고존」, 『여유당집』, 정약용, 24.0×15.0cm, 장서각.

無射	應鍾
射 ○	應 ○
黃 ▷	大 ▷
蕤 ▷	夾 ▷
姑 ▷	仲 ▷
仲 ▷	蕤 ▷
林 ▷	夷 ▷
南 ▷	射 ▷

凡例

正律○　正半◁　變律●　變半◐

鏞案蔡法本皆祖述通典蓋京房變律之法百孔千瘡

體無完膚故杜氏別剏半聲變半聲之說以立旋宮之

例然其分寸仍多相同特以毫釐之差分其正變雖以

離未之明覲於察視以之爲琴而絲數多同八十一絲

以之爲笛而管長多同以之爲鍾而銅齊多同以之爲

磬而句股多同以之合樂而長短遲疾之度多同紙上

旋宮 (旋宮 표, 律呂 相生表)

	黃鍾	大呂	太蔟	夾鍾	姑洗	仲呂	蕤賓	林鍾	夷則
旋宮	黃 ○	大 ○	太 ○	夾 ○	姑 ○	仲 ○	蕤 ○	林 ○	夷 ○
商	太 ○	夾 ○	姑 ○	仲 ○	蕤 ○	林 ○	夷 ○	南 ○	射 ○
角	姑 ○	仲 ○	蕤 ○	林 ○	夷 ○	南 ○	射 ○	應 ○	黃 ●
變徵	蕤 ○	林 ○	夷 ○	南 ○	射 ○	應 ○	黃 ●	大 ●	太 ●
徵	林 ○	夷 ○	南 ○	射 ○	應 ○	黃 ●	大 ●	太 ●	夾 ◐
羽	南 ○	射 ○	應 ○	黃 ●	大 ●	太 ●	夾 ◐	姑 ◐	仲 ◐
變宮	應 ○	黃 ●	大 ●	太 ●	夾 ◐	姑 ◐	仲 ◐	蕤 ◐	林 ◐

(맨 왼쪽 夷則 欄은 版面에서 잘려 일부만 보임)

04단계 :
선비의 음악

【예기 20】 원문 37

예악은 잠시도 몸에서 떼면 안 된다.

「악기」

예와 악은 잠시라도 몸에서 떠날 수 없는 것이니, 악을 지극하게 하여 마음을 다스리면 '이직자량易直子諒의 마음이 저절로 생기고, '이직자량'의 마음이 생기면 즐겁고, 즐거우면 편안하고, 편안하면 오래 지속되고, 오래 지속되면 하늘과 같아진다. 하늘은 곧 신神이니, 하늘은 말하지 않아도 미덥고 신은 노하지 않아도 위엄이 있으니, 이것이 악을 지극하게 하여 마음을 다스리는 것이다.[11] '이직자량'이란 편안하고 정직하고 자애롭고 미덥다는 뜻을 담고 있다. 예禮는 몸을 단속하므로 한시도 방심할 수 없다. 예를 이루어 몸을 다스리면 장엄하고 공경스러우며, 장엄하고 공경스러우면 엄숙하고 위엄이 있게 된다. 마음속이 잠시라도 화락하지 않으면 비루하고 속이는 마음이 침입하며, 외모가 잠시라도 장경하지 않으면 경솔하고 거만한 마음이 침입한다.

주자는 선비는 특별한 이유 없이 금슬을 버려서 안 된다고 했고 다산 정약용도, "칠정七情 가운데 그것이 나오기는 쉬워도 억제하기 어려운 것은 노여워하는 것이다. 지금 세속의 음악은 모두 음란하고 상스러우며, 가락이 슬프고 부정한 소리다. (…) 그러나 그런 음악이라도 앞에서 한참 연주하면 관장官長이 그 하급 관리를 용서해주고, 가장家長은 그의 동복僮僕을 용서하게 된다. 세속의 음악도 오히려 그러한데, 하물며 옛 성인의 음악이야 그 효과가 어느 정도겠는가? 그러므로 예와 악은 잠깐 동안이라도 내 몸에서 떠나서는 안 된다는 것이다"라고 하면서 예악을 성실히 익힐 것을 강조했다.[12]

【주희 6】 원문 38

주자는 말한다. 음악에는 5성 12율이 있다. 다시 빠르고 온화함을 노래하여 가무歌舞와 팔음八音의 절주로 삼아 가히 사람의 성정을 길러 그 삿되고 더러운 것들을 씻고 그 찌꺼기를 녹여 없애기 때문에, 공부하는 사람의 마침은 의義가 정미로워지고 인仁이 무르익는 것이 된다. 그리하여 스스로 도덕에 화합하고 순응하게 되는 것이 반드시 여기에서 얻을 수 있다. 이것이 배움의 완성이다.

　『논어』에 "시로써 일으키고, 예로써 바로 서며, 악으로써 완성한다興於詩 立於禮 成於樂"라는 유명한 구절이 있는데, 그 가운데 '악으로써 완성한다'에 관한 주자의 해설이다. 음악에는 '궁상각치우'의 5성과 '황대태협고중유임 이남무응'의 12율이 있다. 그리고 빠르거나 부드러운 노래와 '금석사죽포 토목혁'의 팔음八音을 사용하는 반주를 통하여 훌륭하게 노래하고 춤출 수 있게 한다. 이 노래와 춤으로 사람의 성품과 정서를 함양하여 정신을 맑게 하고 성격을 관후하게 변화시킨다. 이렇게 공부해나가면 마침내 의 義가 지극히 정밀해지고 인仁이 무르익어 스스로 도덕에 순순히 융화된다. 이것이 배움의 완성이다. 이어 주자는 『소학』과 『대학』의 교육과정을 약설 하여, 10세에 어린이의 행동거지를 배우고, 13세에 음악을 배우고 시를 외 우며, 20세 이후에 예를 배우니[13] 곧 이 세 가지는 『소학』을 전수하는 차례

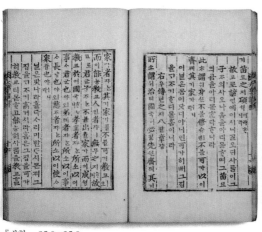

『대학』. 35.0×25.0cm.

라고 했다. 그리고 『대학』은 평생에 걸쳐 사리에 있어서 어렵고 쉬운 것과 먼저 할 것과 나중에 할 것과 얕고 깊은 것에 대하여 연구하고 체험하는 공부라 했다. 그러나 공부의 완성은 음악에 있다고 한다.

【 논어 3 】 원문 39

자로와 증석과 염유와 공서화가 공자를 모시고 앉아 있는데 공자가 말씀하셨다. "내가 너희보다 며칠 더 어른이라고 하여 어렵게 여기지 말라. 평소에 나를 알아주지 않는다고 하니, 만일 알아주는 이가 있다면 어떻게 하겠는가?" 자로가 서슴지 않고 말하였다. "천 대의 수레를 가진 천승千乘의 나라가 큰 나라 사이에 끼어 군대의 침략을 받고 게다가 기근으로 시달린다 해도, 제가 다스린다면 3년 내에 백성을 용감하게 하고, 또 법도를 알도록 할 수 있습니다." 그 말을 들은 공자가 빙그레 웃었다. "구求(염구)야, 너는 어찌 하겠느냐?" 대답하여 말하였다. "사방이 육칠십 리 혹은 오륙십 리의 나라를 제가 다스린다면 삼 년 내에 백성을 풍족하게 할 수 있겠거니와, 예악에 대해서는 군자를 기다리겠습니다." "적赤(공서화)아, 너는 어찌 하겠는가?" 대답하여 말하였다. "제가 할 수 있다는 말이 아니라 배우기를 원합니다. 종묘의 일이나, 회동이 있을 때에 현단 복장과 장보 관을 쓰는 작은 관리小相가 되기를 원합니다."

「선진」

『논어』에서 가장 긴 문장으로 「선진」편에 실린 봄날의 대화록이다. 이 에피소드를 음미하면 공자의 포부와 정신세계, 온몸에 화기和氣가 녹아나오는 성인군자의 풍모가 잘 드러나는데 세 단락으로 나누어 고찰하고자 한다.

먼저 여기까지는 따뜻한 봄날 공자님의 권유를 받아 모처럼 제자들이 평소 하고 싶은 일, 그들이 품고 있는 이상을 말하는 장면이다. 자로, 공서화, 염구 등 모두 정치를 잘할 수 있을 것이라는 포부를 밝히고 있다. 그런데 증점曾點14은 이들과 달리 다소 엉뚱한 이야기를 하고 있다. 여유 있게 큰 거문고를 연주하면서 벗들의 이야기를 듣다가 봄날의 정취를 이야기하는 증점은, 후일 성현으로 추앙받는 증자曾子의 아버지로서 역시 무언가 남다른 풍모를 보여준다. 그의 대답은 아래를 보기 바란다.

【 논어 4 】 원문 40

"점點(증석)아, 너는 어찌 하겠는가?" 증석이 슬瑟을 천천히 타다가 쓰릉 한 번 긋고는 슬을 놓고 일어나 대답하여 말하기를, "저는 세 사람의 뜻과는 다릅니다." 공자가 말씀하셨다. "무엇이 안 되겠느냐, 각각 자기의 뜻을 말할 뿐이다." 증석이 말하기를, "늦은 봄에 봄옷을 지어 입고 관을 쓴 어른 대여섯 명과 동자 예닐곱 명을 데리고 기수沂水에서 목욕하고 무우舞雩에서 바람 쐬다가 노래하며 돌아오겠습니다." 공자가 위연히 탄식하며 말했다. "내 뜻이 점과 같도다."

증점은 다른 제자들과 같이 치국평천하의 꿈을 말하지 않고 이 따스한 봄날 가까운 어른과 동자들과 함께 바람 쐬러 나가 맑은 물에서 목욕도 하고 아담한 언덕에서 바람도 쐬다가 노래 부르며 돌아오겠다는 것이 아닌가? 그런데 더욱 놀라운 일은 공자가 증점의 손을 들어준 것이다. 그것도 탄식하면서. 우리는 공자가 어지러운 열국 시대에 수레를 타고 천하를 돌아다니며 자신의 이상을 실현할 군주를 찾아다닌 이상주의자인 동시 개혁사상가이며, 늘 치국평천하를 꿈꾸었던 정치사상가로 알고 있다. 그러나 공자의 깊은 내면에는 따뜻한 봄날 어린 벗들과 소풍하며 노래하고픈 소박한 정서가 가득했다. 이 정서가 바로 낙도樂道의 모습이며 소요유의 경지이며 진정한 음악의 세계다. 그러나 워낙 백성이 굶주리고 폭정과 전쟁에 시달리며 도의와 예절이 땅에 떨어진 난세이므로 어찌 유연자락 하며 모춘暮春의 풍광과 무우舞雩의 가영歌詠을 한껏 즐길 수 있으리오. 그래서 증점에 동조하되 탄식한 것이다.

【논어 5】 원문 41

세 사람이 나가고 증석이 남아 있었다. 증석이 말하였다. "저 세 사람의 말이 어떠합니까?" 공자가 말씀하셨다. "각각 자기 뜻을 말한 것뿐이다." 증석이 말하였다. "선생님께서는 어째서 유由의 말에 웃으셨습니까?" 공자가 말씀하셨다. "나라는 예로써 다스려야 하는데 그 사람의 말이 공손하지 않기 때문에 웃었노라." "구求가 말한 것은 아무리 작아도 또한 나라가 아닙니까." "사방이 육칠십 리나 오륙십 리이면서 나라가 아님을 어디서 볼 수 있겠는가." "적赤이 말한 것은 나라가 아닙니까?" "종묘와 회동이 제후가 아니고 무엇이겠느냐, 적이 하는 일을 작다고 하면 어떤 일을 크다고 하겠는가."

「선진」

이 문장은 에필로그다. 세 제자의 입장을 평하면서 모두 한 나라를 다스릴 능력을 소유하고 있다는 점에 대하여 이야기를 나누고 있다. 자로의 성급함과 자신만만함에 대해서는 애정 어린 비판을 하면서도 스승과 제자가 봄날의 회포를 풀며 편안히 담소하는 정다운 장면이다. 이 아름다운 모습은 바로 음악이 우리에게 주는 평화의 경지와 흡사해 보인다. 물론 이 경우의 음악은 '무성지악無聲之樂'의 경지다.

이 이야기에서 춘복, 답청, 욕기浴沂 등의 성어가 나왔거니와, '고슬희鼓瑟希' 즉, 간간히 딩동딩동 슬을 뜯는 증점의 모습은 평화롭기 그지없다. 드문드문 간간히希 슬의 줄을 뜯으므로 아주 천천히 연주하는 것이다. 아주 천천히 연주하므로 느리고 평안할 것이요 가락이나 변화에 집착하지 않을 수 있어 유유하고 화평한 음악이 된다. 유유하고 화평한 음악의 분위기는 곧 '화和'라고 할 수 있다. 화의 경지에서 슬을 뜯고 담화를 나누므로 인간과 인간, 인간과 자연의 조화가 엿보인다. 봄날 두 사제 사이에는 '태화太和'는 아니라도 '소화小和'의 상태는 유지되었다고 하겠다.

'슬'은 중국 옛 악기 가운데 가장 큰 현악기로서 25현으로 되어 있고 '큰 거문고'라고 번역되나, 양손으로 뜯어 연주하므로 연주기법은 가야금과 같다. 금琴과 함께 어울리기 때문에 서로 좋은 사이를 금슬이라고 표현한다. 공자가 자로의 슬 연주가 거칠다고 나무라는 이야기가 『논어』에 등장하는 것을 보면 공자학원의 교육과정에 금이나 슬의 연주 과목이 있었던 듯하다. '금'은 우선 저 옛날 순 임금이 오현금을 타는 기록이 『서경』에 전한다. 이후 주나라 문왕이 문현文絃을 보태고 그 아들인 무왕이 무현武絃을 보태 칠현금이 되었다. 이 칠현금이 고구려에 들어와 모두 연주법을 모르던 중, 왕산악이 개작하여 육현금인 오늘의 거문고를 만들고 작곡까지 한 사실은 아주 유명하다. 거문고는 신라에서 발전을 거듭하다가 조선시대에 이르러 선비들이 가장 가까이하는 악기가 되었다.

【 논어 6 】 원문 42

공자가 일찍이 제나라에 계실 때, 순 임금의 음악인 '대소大韶'를
듣고 석 달간 고기 맛을 알지 못하셨다.

「술이」

훌륭한 교향악단이나 국악관현악단이 연주하는 아름다운 음악을 들

으면 연주회를 파하고 거리에 나와서도 그 소리가 귀에 쟁쟁 머무는 경험을 우리는 가끔씩 한다. 그러나 다음 날 잠에서 깨면 어제의 감동은 거의 사라지고 남아 있지 않기 일쑤다. 공자는 30세 무렵 제나라의 수도 임치로 갔었는데 그곳에서 순 임금의 음악인 '대소大韶'를 듣게 되었다. 공자는 '대소'를 듣고 나서 "나는 음악의 경지가 이렇게까지 도달할 것이라고는 생각하지 못했다"고 탄상했고 대소야말로 진선진미라고 극찬했다. 순 임금의 음악이 얼마나 훌륭했는지 짐작할 수 있으며 3개월 동안 고기 맛을 잊을 정도로 음악에 심취하는 공자의 풍부한 감성에 느껴지는 바가 크다.

【예기 21】 원문 43

자하가 말하기를, "감히 묻겠습니다만 무엇을 삼무三無의 도道라고 하는 것입니까?" 하니, 공자가 말하기를, "그것은 무성無聲의 악樂과 무체無體의 예禮와 무복無服의 상喪인데, 이를 가리켜 삼무라고 한다" 하였다. 자하가 다시 말하기를, "삼무의 도는 이미 들어 대충 알았습니다. 그러나 감히 묻겠습니다만, 어느 시가 이 도에 가장 가깝습니까?" 하니, 공자가 말하기를, "시에 이르기를, '문왕·무왕은 아침저녁으로 나라 일을 근심하여 천명을 따랐으며 그리하여 주나라 왕실의 기초를 창건하여 너그럽고도 평화로운 정사를 베풀어 백성을 평안하게 했다'고 했는데, 이는 '무성의 악'을 노래한 것이다. 또 시에 이르기를, '인자仁者의 예의가 성대함에 스스로 상도常度가 있었으니 한 몸이 모두 예의의 화신

음악, 마음을 다스리다

化身이다. 따라서 그 행하는 바를 선택할 필요가 없었다. 무엇을 선택하든 모두 착하지 않은 것이 없다'고 했는데, 이는 '무체의 예'를 노래한 것이다. 또 시에 이르기를, '무릇 백성에게 상喪이 있을 때는 자기에게 복상의 의무가 있든 없든 즉시 포복하여 가서 이를 도와준다'고 했는데, 이것은 '무복의 상'을 노래한 것이다"라고 했다.

「공자한거孔子閒居」

『예기』에 나오는 글이다. 『예기』에는 음악과 관련한 글이 많다. 특히 음악을 통한 교육제도는 「왕제」 편에 있고 음악의 이론과 철학에 관해서는 「악기」에 있다. 「악기」는 악경을 대체할 정도로 정밀하고 차원 높은 악론과 미학을 전개한다. 그밖에 「학기」와 「중니연거」나 「공자한거」에도 탁월한 음악사상이 실려 있다.

이 글은 '진정한 음악이 무엇이냐'는 문제로서 공자는 '무성지악無聲之樂'을 답으로 제시한다. 소리가 없는 음악이라는 뜻인데 어떻게 음악에 소리가 없을 수 있는가? 그런데 여기에 덧붙여 몸이 없는 예의와 상복을 입지 않는 치상治喪을 이야기하고 있다. 공자가 참다운 예악을 말하며, '무성지악'과 '무체지례'와 '무복지상'을 들었는데, 소리가 없는 음악이며 합당한 거동을 몸으로 보이지 않는 예의이며 적합한 옷을 입지 않는 장례다. 그러면 무엇이 소리 없는 음악인가? 음악의 참다운 뜻은 '음'을 떠나서 존재한다. 음악의 '지향점은 음악을 통해 누리려는 마음의 안락이요 평온함이다. 유교 철학으로 말하면 중화의 경지다. 음악을 통해 중화의 경지로 들어가려면 아이러니컬하지만, 음악을 끊어야 한다. 귀와 마음에 음악이 남아 있으면 중화의 경지에 들어갈 수 없다. 음악을 하는 가장 큰 목적이 마음의 안락이요 평온이다. 노래나 악기 소리가 없더라도 음악이 추구하는 경지에 도달했다고 해야 한다. 이것이 '무성지악'이니, 흔히 무현금無絃琴으로 표현되는 경지다. 마음이 평온하고 안락하여 희로애락이 발하지 않을 때는 '중中'의 자리에 고요하고 희로애락이 발할 때는 절도에 맞아 넘치지도 모자라지도 않는다면, 이야말로 음악의 궁극처라는 것이다. 앞에서 살펴보았지만, 『논어』에 등장하는 증점의 답청踏青 이야기도 '무성지악'에 준하는 경지다. 송나라의 이학理學을 연 주염계는 그의 높은 제자들에게 공자와 안회가 즐겼던 자리를 찾는 공부를 주문하기도 했다.[15]

중국의 마일부馬一浮[16]는 이 뜻을 더욱 확대하여 "석 달 동안 인에 어긋나지 않고 악을 바꾸지 않으면 무성의 악이다. (…) 분발하여 먹는 것을 잊고 악으로 근심을 잊고, 장차 늙음이 이른 것조차 알지 못하면 무성의 악이다. (…) 마음먹은 대로 좇아서 해도 이치에 통달하면 무성의 악이다. (…) 묵묵히 이루고, 말하지 않고 믿으면 무성의 악이다. (…) 존재하는 것이 지극히 슬퍼하지 않음이 없고, 물에 감응하는 것도 천리의 흐름이 아님이 없다. 그러므로 공자께서는 "한 끼의 식사를 다 마치는 잠깐 동안도 인을 어겨서는 안 된다"고 말씀하셨다. (…) 사람의 마음은 사사로운 욕심으로 가려짐이 없어야 몸과 마음이 환해지며, 이 이치가 저절로 나타나 마치 인仁을 바야흐로 깨달은 듯하게 되는데, 이는 바로 시교詩教로부터 유출되는 것이다"라고까지 했는데, 매우 공감이 간다.[17]

음악, 마음을 다스리다

무성지악은 무현금으로 대변된다. 무현금은 도학자가 들어가고자 했던 예술의 궁극의 경지였다. 이에 『예기』의 무성지악을 소개하는 대목에서 줄 없는 거문고를 탈 수 있다고 자부했던 도학 군자의 시를 살펴보기로 한다. 거문고를 사랑했던 조선 중기의 도학자 화담 서경덕은 '줄 없는 거문고에 새긴 글無絃琴銘' 두 편을 남겼는데 아래와 같다.

【 서경덕 1 】 원문 4 4

1.
거문고가 줄이 없네
본체는 있으나 작용이 가버렸네
진정 작용이 가버린 것이 아니라
고요함은 움직임을 머금는 토대일세

소리 위에서 듣는 것이
소리 없음에서 듣는 것만 같지 못하며
형체 위에서 즐기는 것이
형체 없음에서 즐기는 것만 같지 못하니

형체 없음에서 즐기면
곧 그 현묘함을 얻게 되며
소리 없음에서 들으면

곧 그 현묘함을 얻게 되리

밖으로는 있음에서 얻으나
안으로는 없음에서 얻으니
그 가운데에서 아취를 얻기를 바라건대
어찌 거문고줄 위의 공부에만 일을 두리오

2.
그 줄을 쓰지 않고
그 줄밖의 궁상각치우를 쓴다
나는 그 하늘을 체득하고
소리로써 즐기니

그 소리를 즐기는데
그 소리가 귀로써 듣는 것이 아니요
마음으로 듣는 것이니
저 종자기種子期여
어찌 나의 거문고에 귀를 기울이는가

「무현금명無絃琴銘」

줄이 없는 무현금의 오묘한 소리를 듣는 것이므로, 현율絃律 상의 궁상각치우가 아니라 현율 외外의 궁상각치우를 듣는다 하였다. 전국시대의 종자기가 백아가 타는 거문고의 뜻을 잘 알았다는데, 그러면 과연 저 종자기가 과연 나의 줄 없는 거문고, 현율 밖의 궁상각치우 소리까지도 들을 수 있을까, 라고 자문하는 화담의 모습이 그려진다.

05단계 :
강호와 풍류의 도를 즐기는 음악

【주희 7】 원문 45

> 무이산 위에는 선령仙靈이 살고
> 산 아래 찬 물은 굽이굽이 맑도다
> 그 가운데 빼어난 절경을 알고자 한다면
> 배 젓는 노래 두세 가락 한가로이 들어보소
>
> 첫 구비라, 개울가에서 낚시 배에 오르니
> 만정봉 그늘이 맑은 내에 잠겼네
> 무지개다리는 한번 끊어져 소식이 없는데
> 만학천암은 푸른 안개에 덮였네

「무이도가武夷棹歌(무이구곡가武夷九曲歌)」

선비는 수신제가와 치국평천하를 위해 음악을 공부하고 이용하지만, 강호에 처하여 천지의 평화로움과 산수의 아름다움을 음악으로써 함께 누리기도 한다. 장지화의 도가풍 어부가를 주자는 군자풍으로 노래했는데, 아래에 나오는 무이산 뱃노래는 조선 사회에서 강호의 미를 알고 풍류의 멋을 아는 선비들에 의해 더욱 발전했다. 특히 농암과 퇴계를 통해 토착화되어 갔다.

"강호 풍류의 뱃노래는 주자로부터 시작한다棹歌首唱自朱子"는 말이 이야기하듯, 주자의 「무이도가」 또는 「무이구곡가武夷九曲歌」는 우리나라 선비들의 정신세계에 큰 영향을 미쳤다. 무이도가는 10개의 시로 되어있는데 시원스럽고 격조가 높아 가히 음미할 만하다. 이하 2곡부터 9곡까지 번역하여 소개하면 다음과 같다. 그 선경 속에 사는 양, 고요히 무이산과 무이구곡을 생각하면서 음미하면 좋을 것이다.

둘째 구비라, 우뚝 솟은 옥녀봉이여
꽃 꽂고 물에 이르니 누구 위한 자태런가
도인이 황량한 누대의 꿈을 다시 꾸지 않고
흥겨워 앞산에 들어가니 푸르름이 몇 겹인고

셋째 구비라, 그대는 골짜기에 걸터앉은 배를 보는가
돛대 멈춘 지 몇 해인지 모를레라
뽕밭이 바닷물 됨을 이제야 알겠으니
물거품 같고 바람 앞의 등불 같음을 애처로워하노라

넷째 구비라, 동서로 펼쳐진 두 바위

바위 꽃, 이슬에 드리워 푸른 솜털 적시누나

금빛 닭 다 울도록 사람은 보이지 않고

달빛은 빈산에 가득하고 물은 못에 가득하도다

다섯 구비라, 산 높고 구름기운 깊은데

오랜 안개비에 평림平林이 어둑하네

수풀사이에 손이 있어도 아무도 모르는데

어영차 노 젓는 소리 가운데 만고萬古의 마음이라

여섯 구비라, 푸른 병풍은 푸른 물굽이 둘렀고

초가집 사립문은 종일 닫혔네

나그네 돛대를 의지하여 가노라니 바위 꽃 떨어지는데

잔나비와 산새는 봄뜻이 한가로워 놀라지도 않네

일곱 구비라, 배를 옮겨 푸른 여울 오르며

은병봉과 선장암을 다시 돌아보노라

가련할 손 어제 밤 봉우리의 비를

비천飛泉에 더 보태니 몇 길이 더 추울까

여덟 구비라, 바람과 안개의 세력이 열리려 하고

고루암 아래엔 물이 굽이쳐 흐른다

음악, 마음을 다스리다

이곳에 아리따운 경치 없다 말하지 말라
여기부터는 떠 노는 사람들 올라오지 못하리

아홉 구비라, 골짝 다하려 함에 눈이 활짝 열려
뽕과 삼에 비와 이슬 맺히고 평평한 내가 보이네
고기잡이 젊은이 다시 도원의 길을 찾을진대
여기를 버리고 인간 세상 별천지別天地가 어디에 또 있으랴

주자의 「무이도가」가 후세 유행한 '어부가'에 큰 영향을 끼쳤음은 이미
말했거니와, 조선 중기 농암 이현보의 어부가는 실제로 강촌에 은거하여
자연과 더불어 삶의 의미를 교감하며 풍월을 동무 삼아 깨끗한 노년을 장
식한 가운데 탄생한 것으로 그 의미가 심중하다. 특히 퇴계 이황과 함께
이 노래의 개작을 의논하고 두고두고 즐겼음은 강호진락江湖眞樂을 얻은
옛 현인의 풍류가 아닐 수 없다. 아래에서는 농암의 '어부장가' 9장 가운데
첫 장을 감상해 보기로 한다. 이 노래의 곡조는 현행 12가사의 어부사에
그 골격이 유지되고 있다.

【이현보 1】 원문 46

눈처럼 하얀 귀밑머리 털이 샌 고기잡이 늙은이가 포구에 살면서
스스로 이르기를 물가에 사는 것이 산보다 낫노라 한다네.
배 띄워라 배 띄워라

아침의 밀물이 빠지자말자 저녁의 조수가 밀려오는데

지국총 지국총 어사와하니

뱃전에 기댄 어부의 한쪽 어깨가 들썩이는구나.

『농암선생문집』 권4 '가사歌詞' 어부가 구장 병서漁父歌九章 并序

다음은 어부장가 발간에 부친 농암의 서문이다.

"어부가 이 두 편은 누가 만든 것인지 알 수 없다.[18] 내가 전원에 물러나와 마음이 한가롭고 일이 없어 옛적 사람들이 술잔을 잡고 읊조렸던 것 가운데 노래 부를 수 있는 시문 몇 수를 수집하여 비복들에게 가르쳐 때때로 듣고 회포를 풀었다. 우리 아이들이 늦게야 이 노래를 구하여 나에게 보여주었다. 내가 살펴보니, 그 말이 한적하고 의미가 심장하여 음영하는 사이에 사람으로 하여금 공명으로부터 벗어나 표표히 진세 밖으로 멀리 벗어나게 하는 뜻이 있었다. 이 노래를 얻은 뒤로는 그 전에 완미하며 즐겼던 가사들을 모두 버리고 오직 여기에 전념하였다. 손수 종이에 베껴 화조월석花朝月夕에 술잔을 잡고 벗을 불러 놓고 (비복들로 하여금) 분강의 작은 배 위에서 노래하도록 하니, 흥미가 더욱 참답고 좋은 기분이 계속되어 권태로움을 몰랐다. 다만 말이 차례가 맞지 않고 간혹 중첩된 곳이 있었는데, 전사하는 사이에 생긴 오류로서 성현의 경전에 의거한 문장이 아니기에 망령되이 찬술함을 보탰다. 열두 장 가운데 셋을 제거하여 아홉 장으로 만들어 장가를 만들어 읊조렸고, 단가

음악, 마음을 다스리다

열장을 다섯 개로 줄여 엽으로서 불렀으니, 합쳐 한 편의 새로운 노래가 되었다. 깎아내고 고쳤을 뿐만 아니라 덧붙인 곳도 많으나 또한 각각 옛 글의 본 뜻에 따라 증감했다. '농암야록'이라고 이름했다. 보는 사람들이 참월하다고 허물하지 않는다면 다행이겠다. 가정 기유년(1549) 여름 유월 유두로부터 셋째 날에 설빈어옹 농암주인이 분강의 뱃전에서 쓰노라."[19]

일찍이 퇴계는 숙부 송재공 이우의 회갑연(수석壽席)에서 안동부 기녀가 부르는 어부가 12수를 듣게 되었는데 크게 감명을 받았다. 이에 열창한 노랫가락이 늘 귀에 남아 평생 이를 구했으나 얻지 못했다. 그리고 훨씬 훗날 퇴계의 애제자 황준량이 밀양의 박준朴浚의 글 가운데에서 어부사 가보歌譜를 얻어 퇴계에게 드렸고 퇴계는 이를 농암에게 건넸다. 이때 금계 황준량이 구한 『악장가사』의 '어부사'는 12장인데 농암 이현보가 주자의 '무이구곡가'를 본받아 장가 9장으로 개작했다.

그리고 퇴계는 어부사 발문에서 농암의 어부사가 고대 정악正樂의 뒤를 이었음을 이야기한다. "아, 선생은 여기에서 이미 참된 즐거움을 얻었으며 참된 소리眞聲를 마음껏 즐겼다. 세상 사람들이 정위鄭衛의 음악을 즐겨 음탕한 마음을 돋우고 옥수후정화玉樹後庭花를 들으며 뜻을 방탕하게 가지는 것과 어찌 비할 것이랴."[20]

　　노인이 본디 음률을 아지 못하나, 오히려 세속의 음악을 듣기를
싫어할 줄은 아는지라, 한가히 거처하며 병을 요양하는 나머지
에 무릇 성정性情에 느낀 바 있으면 매양 시로써 나타내었다. 그
러나 오늘의 시는 옛 시와는 달라서 읊을 수는 있으나, 노래할
수는 없다. 만일 노래를 부른다면 반드시 이속俚俗의 말로써 지
어야 할 것이니, 대개 우리 국속國俗의 음절이 그러지 않을 수 없
기 때문이다. 그러므로 내 일찍이 이씨李氏의 노래를 대략 모방
하여 '도산육곡'을 지은 것이 둘이니, 그 하나는 지志를 말하였
고, 그 둘은 학學을 말하였다. 아이들로 하여금 아침저녁으로 익
혀 노래 부르게 하여 비기어 듣기도 하며, 또한 아이들로 하여금
스스로 노래하고 스스로 춤추게 하여, 거의 비루하고 인색함鄙
吝함을 씻고 무르녹아 통함融通을 느끼어 피어나게 하여, 노래하
는 이와 듣는 이가 서로 이익 됨이 없지 않게 하고자 한다.

『퇴계선생문집』「도산십이곡 발」

　　퇴계의 「도산십이곡 발문」의 대의를 본다면, 먼저 당대 선비들이 부르
던 노래는 '한림별곡' 류인데 방탕하고 교만하여 취할 수 없다는 개탄하고
이별의 육가六歌는 다소 품격이 있으나, 역시 불공스럽고 온유돈후의 기풍
이 적다고 비판한다. 온유돈후는 서주西周 초기와 춘추시대 열국列國의 시

가詩歌, 즉 '시 삼백詩三百'의 아름답고 후덕한 기상을 말하며, 후세 당唐나라의 이태백과 백낙천이 숭상하여 자신의 시에 이 고풍古風을 회복하고자 노력했고 송대宋代에 일어난 고문 회복운동의 하나의 목표가 된 시풍이다. 이별李鼈은 박팽년의 외손이자 이공린李公麟의 아들인데, 형 이원李黿이 갑자사화에 사사賜死하자 벼슬의 뜻을 버리고 은둔 자적하여 장육당藏六堂이라 호를 짓고 표일하게 살다 간 인물이다. 그의 육가六歌를 음미해보면 강호에 앉아 오세자득放世自得하는 은자의 기풍이 넘친다.[21] 그러나 그 기상이 자못 도가풍이면서 출세자를 능멸하는 뜻이 있어 군자의 덕음德音을 지향하는 퇴계가 오세불공하다고 한 것 같다. 그리고 본문이다. 퇴계 자신이 비록 음률에는 밝지 못하나 세속의 저속한 음악은 듣기 싫어했고 여가에 한가한 정서가 일어나면 이를 표현하는 시를 짓곤 했다는 것이다. 여기에서 주목해야 할 것은 음악 이야기를 하면서 시를 말하는 것인데, 사실 시와 노래는 원래 하나였다는 사실을 퇴계도 당연히 인지했던 것이다.[22]

그리고 이어 당시의 가창歌唱과 관련하여 매우 중요한 내용을 담고 있다. 먼저 "옛 시는 바로 노래할 수 있다"는 것은 특히 『시경』의 성격을 말하는 것 같다. 시경의 '풍·아·송風雅頌'이 음악을 전제로 한 노래 가사였다는 것은 이미 주자가 밝혔으므로, 퇴계도 같은 입장이었을 것이다. 그리고 "오늘의 시는 노래할 수 없다"는 것은 한시漢詩를 말하는 것이겠다. 한시를 지을 때 비록 운율을 맞추나, 평측平仄과 압운에 그치고 시창詩唱이 있지만, 지금 칠언율시의 창법만 전하고 있어 일반적으로 한시를 노래로 불렀다고 볼 수는 없는 것 같다. 따라서 '노래로 부를 수 있는 시'를 짓기 위해 (시의 구조와 성격은 이별의 육가六歌를 본받되) 두 개의 육가六歌로 된 연작의 한글로 이뤄지는 시조시를 짓는다는 취지다.

그런 뒤 드디어 12곡을 완성했다. 그 노래의 내용은 학문에의 뜻을 다지며 배움을 계속해나가는 정성(언지言志·언학言學)을 담았는데, 이 노래를 아이들에게 가르쳐 부르게 하고 심지어 춤도 따라 추게 했다는 것이다. 여기서 가장 궁금한 것은 노래의 가락과 장단이다. 그리고 대상인 아이들이 과연 누구인가다. 동자兒輩들이 조석으로 불렀다 하나 어떤 방식으로 불렀는지는 알 수 없다. 다만, 한시로는 읊조릴 수 있을지언정 부를 수 없어, 그것은 우리 정서를 기르고 감정을 푸는 데 부족하다는 논점이다. 비루하고 인색한 정서를 씻어내 정화시키고 감정이 피어나고 나타나게 하여 무르녹아 통하게 하는 것은 노래의 공로라는 것이다. 이는 인격 함양과 정서 순화에 미치는 음악의 교육적 효능을 직설한 중요한 발언이다. 그리고는 두 가지 겸허한 우려를 담았는데 하나는 당시의 문자를 버리고 이언俚言 즉, 통상에 사용하는 우리 말 그대로를 가지고 시를 지었다고 학자들이 일으킬지 모를 비판이며, 또 하나는 당신이 음악에 능하지 못하는데 자신이 지은 시, 즉 노래가 음악의 절조에 맞을는지 걱정된다는 것이다.

이상 「도산십이곡 발문」의 내용을 분석해보면, 음악이나, 문학, 교육학적으로 볼 때 몇 가지 중요한 견해가 발견된다.

첫째, 퇴계선생은 음악의 의의와 효용성을 깊이 통찰하고 있었다.

『예기』 「악기」 편에 "성聲을 아는 것은 금수요 음音을 아는 것은 보통사람이며 오직 군자라야 음도 알고 악도 안다"고 했는데 여기서 성은 음가가 없는 단순한 소리noise며 음은 음가를 지난 소리note다. 음악을 모른다는 것은 선비로서 결코 자랑이 아닌 것이다. 그리고 "성인이 치세함에 풍속을

음악, 마음을 다스리다

바꾸는 것은 음악보다 좋은 게 없다移風易俗 莫善於樂"고 했다. 공자도 음악으로 인격과 정치를 완성한다고 했고 거의 매일 노래를 부르고 금琴을 연주한 것은 『논어』에 잘 기록되어 있다. 어린아이에게 노래를 가르치며 만족해하는 모습으로 볼 때, 이와 같은 음악의 중요성을 퇴계는 깊이 터득했음을 알 수 있다.

둘째, 예로부터 시와 노래는 동일체였다. 지금같이 나누어지지 않았다. 그리고 당대에 이것이 가능한 것은 주로 시조였다는 사실이다. 따라서 퇴계는 시조 12수를 지었는데, 노래할 수 있었고 실제 그렇게 부르는 것이 풍속이었던 것으로 보인다.

셋째, 당시 선비들이 '한림별곡' 등의 경기체가를 부르곤 했는데, 퇴계는 이 노래를 싫어했고 시조의 음률에 온유돈후한 시풍을 붙이는 시조음악을 선호했다는 사실이다. 경기체가에는 '한림별곡' '죽계별곡' 등이 있는데 고려 중기 이후에 유행하고 조선 후기에는 쇠퇴한 사대부의 시가다.

넷째, 퇴계는 음악, 특히 우리나라 말로 된 가사로 노래하는 것을 중요한 교육 방법으로 삼았다. 노래를 통해 학업에 흥미와 취미를 일으키고 노랫말 즉, '도산십이곡'이라는 훌륭한 시가 전달하는 교육적 의미를 거부감 없이 자연스레 받아들이게 한 것이다. 그야말로 공자의 '흥어시興於詩'의 가르침을 멋있게 적용했다. 시조 또는 가사라는 노래의 교육적 가치를 농암과 퇴계는 잘 이해했다. 다만, 이것이 후학에 의해 계승·발전되지 못하고 예학과 성리학적으로만 퇴계학이 발전해나간 것은 매우 아쉬운 일이다.

다섯째, 퇴계가 가르치고 흐뭇해한 '도산십이곡'의 노래 가락과 장단, 춤사위가 과연 어떠했느냐가 자못 궁금하다. '만대엽'에 대한 언급이 없는

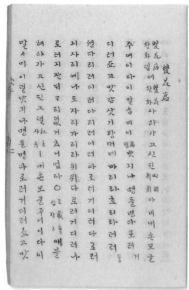

『악장가사』, 30.0×21.5cm, 19세기 이후, 규장각한국학연구원.
「청산별곡」「한림별곡」「쌍화점」 등의 곡이 수록되어 있다.

것으로 보아 만대엽은 아닐 것이고 대엽풍으로 직접 작곡했을 수도 있다. 춤은 원래 천자로부터 서인까지 다 추도록 되어 있는 선비의 필수 과목이므로 퇴계 또한 춤을 알았던 것으로 추정된다.

다음 '도산십이곡' 가운데 몇 수를 음미하고자 한다.

연하煙霞로 집을 삼고 풍월風月로 벗을 삼아

태평성대에 병으로 늙어가네

이 등에 바라난 일은 허물이나 없고자

음악, 마음을 다스리다

청산靑山안 엇뎨하야 만고萬古에 푸르르며
유수流水는 엇뎨하야 주야晝夜에 긋디 아니난고
우리도 그치지 마라 만고상청萬古常靑호리라

【 정내교 1 】 원문 48

옛날의 노래는 반드시 시를 사용했다. 노래를 부르고 그것을 글
로 쓰면 시가 되고, 시를 관현악으로 연주하면 노래가 된다. 노
래와 시는 실로 같은 도리인 것이다.

『청구영언』「서」

시와 노래는 뿌리가 같고 작용도 서로 보완관계에 있다. 이미 누누이 살
펴본 이야기다. 『청구영언靑丘永言』 서문은 정내교鄭來僑(자는 윤경潤卿)가 썼
다. 그리고 발문은 마악노초磨嶽老樵 이정섭이 썼는데 모두 구구절절 자신
이 음악철학을 드러내는 명문이다.

【 정내교 2 】 원문 49

대체로 가사를 짓는 것은 문장도 있으면서 성률聲律에 정통하지
않고서는 불가능하다. 시를 잘하는 자는 노래가 모자라고 노래
를 하는 자는 시가 모자라게 마련이기 때문이다. 우리나라에 이

르러 대대로 인재가 모자라지 않았으나 가사를 짓는 경우는 전
혀 없거나 겨우 있는 정도였고, 있는 것도 후세에 전하지 못했다.
어찌 나라에서 문학만 숭상하고 음악은 소홀히 여겼기 때문이라
고 아니하리오?

『청구영언』「서」

문필을 가까이하는 학자가 곧 선비이기 때문에 조선시대에 들어와서
대체로 문학을 중시하고 음악을 경시한 사실을 지적하고 있다. 『청구영언』
은 『해동가요』 『가곡원류』와 함께 우리나라의 삼대 가집을 구성한다.

【마약노초 1】 원문 50

우리나라에 내려와서는 그 폐단이 더욱 심하여 오직 가요 한 가
닥만이 풍인風人의 남긴 뜻에 차차 가까워져 정을 이끌어 인연을
펴내니, 이어俚語로 읊조리고 노래하는 사이에 유연히 사람을 감
동시킨다.

『청구영언』「후발後跋」

마악노초 이정섭이 『청구영언』 발문에서 우리나라 노래의 진정성을 논
하고 있다. 노래의 전범은 『시경』의 300수이나 이미 사라져 전하지 않고

음악, 마음을 다스리다

세간의 음악도 쇠퇴했는데, 참다운 노래란 인위적인 장식이나 조작이 가해지지 않은 본원적인 인간의 심성에서 나오는 것이며, 우리나라 말(이어俚語)로 된 노래라도 그 내면에 진정성이 깃들어 있으면 오히려 사람을 감동시킬 수 있다는 것이다.

민간에서 유래한 음악의 가치도 인정하는 이 이야기는 김천택에게 큰 용기를 주었을 것이다. 김천택의 작품 선택 경향은 일부 계층에 한정된 것이 아니라 대중적으로 널리 인정되는 지지를 확보함으로써 작품과 노래에 영속적인 생명력을 부여하고자 한 것으로 이해할 수 있다. 위에서 제시된 논의에 입각하면, 김천택은 옛 노래와 현재의 대중적인 진솔한 삶의 노래를 동시에 추구하며 그 바탕에는 조선에서 살아가는 일반 백성의 삶이 투영된 노래를 찾고자 하는 열망이 내재되어 있다.[23] 김천택과 교유한 인물 중에서 김성기金聖基(1649~1724)는 거문고를 잘 연주한 인물이었다. 김성기는 거문고뿐만 아니라 퉁소도 잘 불었다고 전한다. 김성기는 매번 바람이 고요하고 달빛이 밝은 밤이면, 노를 저어 강의 중류로 나아가 퉁소를 꺼내 서너 곡을 연주했다. 그러면 애원하고 청량한 소리가 하늘까지 닿았으며, 강가에서 듣는 이들도 대부분 배회하여 떠나지 못했다고 한다.

이밖에 장악원掌樂院의 가전악假典樂으로 경종(재위 1720~1724) 때의 궁중 음악인인 전만제全萬齊, 조선 후기의 가객이자 시조작가이며 1746년(영조 22)『해동가요海東歌謠』를 편찬하기 시작해 1763년 완료한 김수장金壽長도 매우 훌륭한 악인들이었다. 당시에 음을 아는 풍류객들이 많았음을 알 수 있다.

이정섭의 이야기처럼 우리나라 민간의 노래가 아름답다는 것은 '정읍사'의 예에 의해서도 짐작할 수 있다. '정읍사'는 삼국시대 백제에서 창작되어 오랜 세기를 거쳐 구전으로 전해져오다가 고려 시기에 와서 속악정재라고 하는 궁중악무 종목의 하나인 '무고'의 음악으로 채용되어 불리던 것이 15세기 중엽 '훈민정음'이 창제된 뒤 국문으로 서사되어 『악학궤범』에 그 가사가 남게 되었다. 이는 악부樂府에서 채시하여 관현에 포장하여 연악에 쓴다被之於管絃 用之於宴樂의 한 예다.

달아 노피곰 도다샤
어긔야 머리곰 비취오시라
어긔야 어강됴리
아으 다롱디리

전져제 녀러신고요
어긔야 즌대랄 드대욜셰라
어긔야 어강됴리

어느이다 노코시라
어긔야 내 가논대 졈그랄셰라
어긔야 어강됴리
아으 다롱디리

음악, 마음을 다스리다

『원행정리의궤도』 중 '무고', 국립중앙박물관.

(현대어)

달아 높이 돋아서
어기야 멀리 비쳐주시라
어기야 어강됴리
아으 다롱디리

저자에 돌아다니시는가요
어기야 진 데를 디디실세라
어기야 어강됴리

어디에다 놓으시라
어기야 내님 가는데 저물세라
어기야 어강됴리
아으 다롱디리

『고려사』「악지」의 해제에 따르면 전주 지방에 속하는 고을인 정읍에
사는 사람이 행상길을 떠난 뒤 오래도록 돌아오지 않아 그의 아내가 달 밝
은 밤에 산 바위에 올라서서 남편이 돌아오기를, 남편이 무사하기를 걱정
하며 노래한 것이라고 했다. 이 노래는 가사도 아름답지만, 가락도 매우 우
아했던 모양이어서 끊어지지 않고 계속 소개되어오다가 조선시대 궁중연
례악곡의 하나로서 '수제천壽齊天'이라는 이름의 기악곡으로 남았다. 물론

'수제천'이 '정읍사' 본곡과는 많이 달라졌겠지만, 그 주제 곡조는 정맥을 유지하고 있다고 봐야 할 것이고 현재 연주되는 수제천의 음악성이 우리 음악의 백미라 일컬어질 정도로 풍요하고 화려 장중한 것을 보면 원시 형태의 '정읍사'도 반드시 아름답기 짝이 없었으리라 생각할 수 있다. 세종이 작곡한 '보태평'이나 '정대업' 등의 명곡도 '서경별곡' 등의 고려가요에서 취하여 응용한 사실을 생각해보면 우리나라의 선율이 유장하고 아름다웠다는 것만은 사실이라 하겠다.

【 장복소 1 】 원문 51

> 우리나라의 가곡도 주나라 시대의 풍아와 한나라 시대의 악부의 유流라 했고, 그 가운데는 평탄, 완만한 것과 애절한 것, 폭풍과 소나기처럼 거센 것과 풀이나 덩굴처럼 부드럽고 휘늘어지는 것 등 여러 가지가 있지만, 이 모두가 사람의 귀를 즐겁게 하고 마음을 조화롭게 함으로써 풍교에 커다란 도움을 준다.
>
> 『해동가요海東歌謠』「후서後序」

장복소張福紹가 지은『해동가요』「후서」의 일부다. 중고中古 이래로 음악은 방탕하거나 조급하게 흘러 옛 덕음의 풍모를 찾기 어려워졌다. 원래 정악의 경지는 중화를 지향한다. 이는 적연부동寂然不動과 충서忠恕의 경지다. 따라서 참다운 중화는 성인이어야 가능하고 군자가 거의 가까이한다고 할 수 있다. 그러나 조선은 문화란 측면에서 중화의 이상에 가장 가까운 풍토를 지녔다. 천지와 인간의 조화를 추구하며 억지와 인위를 될 수 있는 한 줄이고 늠름한 푸른 산과 유유히 굽이치는 가람과 같이 자연스러움을 모든 미美와 인생관의 중심에 두었던 문화를 수천 년 이어왔다고 할 수 있다.

자연과의 조화라는 중화中和의 정신은 곧 천지만물과 자기 몸을 동일시하는 인仁의 마음을 낳는다. 배달의 문화정신은 이와 같이 인과 조화라고 하겠다. 인仁은 구체적으로 하늘을 공경하고 조상을 높이며 사람을 사랑하는 민족의 특성으로 나타난다. 이것은 다시 부모를 받들고 부부간에 금슬 좋고 형제간에 우애 있고 이웃에 정 나누며 나랏일에 충성을 다하게 한다. 중국의 각종 서적에 우리나라를 '어진 사람과 군자들이 사는 나라仁人君子之國'라고 상찬했던 기록이 많은 것은 이 사실을 증명한다.

이 중용과 중화, 인仁의 정신이 수천 년 민족의 삶에 내재한 정신이요, 음악 철학이며 선조들의 음악관이다. 이 중화주의中和主義는 정악, 그것도 조선 전기의 음악에서 가장 두드러지고 민속악에서도 일정한 지침으로 작용한다. 정가 가운데서는 가곡이 가장 오래되고 또 음악적으로 완비되었으며 『청구영언』 등의 시조집은 실제 가곡을 곡조별로 편찬한 것이다.[24] 그러므로 시조를 연구할 때 그 창법인 가곡과 시조창을 모르고 논하는 것은, 연극을 평가하면서 희곡의 대본만 보는 것과 같다. 유유하고 도도하게 부르다가 꺾어 올리고 내리는가 하면 서서히 힘 있게 밀어올리고 넘실넘실 물 흐르듯 흘러가는 가락은 민요와 농요, '영산회상'이나 판소리에도 나오지만, 특히 가곡창에서 그 특징이 발현된다. 가곡은 우리나라의 유장한

음악, 마음을 다스리다

산수의 흐름을 더욱 닮았으니, 유장하면서도 둥글게 불러야 한다. 이것은
남창가곡에서 매우 강조된다.

노래란 그 정情을 말하는 것이다. 정이 말에서 우러나오고 말이
글에서 이루어지는 것을 노래라 한다. 교졸巧拙을 버리고 선악을
잊으며 자연에 의지하여 천기天機에서 발하는 것이 좋은 노래다.

『대동풍요大東風謠』「서」

음악을 사랑한 실학자, 담헌 홍대용洪大容은 『대동풍요』 서문에서 '천
기에서 발하는 노래야말로 좋은 노래라고 주장한다. 이는 그야말로 인위
를 가하지 않은 천연 그대로의 노래를 말한다. 즉 교묘함과 졸렬함을 버리
고 선악을 잊어야, 자연을 따르고 천기에서 발할 수 있다는 말이다. 홍대
용의 사상은 장자莊子와도 통하니, 천기란 원래 장자의 용어로 자연의 운
행원리나 인간의 천성을 뜻한다. 장자는 기계를 사용하면 편리하긴 하지
만, 기심機心이 일어나고 이것은 순백한 마음을 잃게 하여 도를 보존할 수
없게 한다고도 주장하는데(『장자』「천지」), 인위적인 기교나 가식을 벗어
난 천성 그대로의 표현, 무기교의 기교를 지향한 것이라 생각된다. 조선의
선비들은 음악에 관한 공자의 정신을 계승하는 동시에 천지자연과 조화
하는 노장老壯의 사상에도 일맥 상응한 것으로 보인다.

3장

樂

원문 및 함께 읽어볼 자료

【 서경 1 】 원문 1

詩言志, 歌永言. 聲依永, 律和聲. 八音克諧, 無相奪倫, 神人以和.

【 모시서 1 】 원문 2

詩者志之所之也, 在心爲志, 發言爲詩. 情動於中而形於言, 言之
不足故歎之, 嗟歎之不足故永歌之, 永歌之不足不知手之舞之足
之蹈之.

【 주희 1 】 원문 3

夫旣有欲矣 則不能無思. 旣有思矣 則不能無言. 旣有言矣 則言
之所不能盡而發於咨嗟咏歎之餘者, 必有自然之音響節族而不
能已焉. 此詩之所以作也.

【 주희 2 】 원문 4

凡詩之所謂風者, 多出於里巷歌謠之作. 所謂男女 相與詠歌, 各言
其情者也. 唯周南召南, 親被文王之化 以成德而人皆有以得其性
情之正, 故其發於言者, 樂而不過於淫, 哀而不及於傷.

【주희 3】원문 5

若夫雅頌之篇 則皆成周之世, 朝廷郊廟樂歌之詞. 其語 和而莊, 其義寬而密, 其作者 往往聖人之徒. 固所以爲萬世法程而不可易者也. 至於雅之變者, 亦皆一時賢人君子 閔時病俗之所爲而聖人取之. 其忠厚惻怛之心, 陳善閉邪之意, 尤非後世能言之士 所能及之.

【예기 1】원문 6

樂者爲同 禮者爲異, 同則相親 異則相敬, 樂勝則流 禮勝則離.

【예기 2】원문 7

春作夏長 仁也. 秋斂冬藏 義也. 仁近於樂, 義近於禮.

【예기 3】원문 8

地氣上齊, 天氣下降, 陰陽相摩, 天地相蕩, 鼓之以雷霆, 奮之以風雨, 動之以四時, 暖之以日月, 而百化興焉. 如此則樂者天地之和也.

【사기 1】원문 9

土敝則草木不長, 水煩則魚鱉不大, 氣衰則生物不遂, 世亂則禮慝而樂淫. 是故其聲哀而不莊, 樂而不安, 慢易以犯節, 流湎以忘本. 廣則容奸, 狹則思欲, 減條暢之氣而滅平和之德. 是以君子賤之也.

【사 기 2】 원문 10

樂也者, 情之不可變者也. 禮也者, 理之不可易者也. 樂統同, 禮辨異, 禮樂之說, 管乎人情矣.

【사 기 3】 원문 11

窮本知變, 樂之情也; 著誠去僞, 禮之經也.

【사 기 4】 원문 12

樂者, 非謂黃鐘大呂弦歌干揚也, 樂之末節也, 故童者舞之. 鋪筵席, 陳尊俎, 列籩豆, 以升降爲禮者, 禮之末節也, 故有司掌之.

【서 경 2】 원문 13

帝曰夔 命汝 典樂. 敎冑子, 直而溫 寬而栗 剛而無虐 簡而無傲.

【소 학 1】 원문 14

烈女傳曰 古者婦人, 姙子 寢不側, 坐不邊, 立不蹕, 不食邪味, 割不正 不食, 席不正不坐, 目不視邪色, 耳不聽淫聲, 夜則令瞽 誦詩 道正事. 如此則 生子, 形容 端正, 才過人矣.

【소 학 2】 원문 15

十有三年, 學樂誦詩 舞勺. 成童舞象 學射御. 二十而冠 始學禮,

可以衣裘帛, 舞大夏, 惇行孝悌博學不敎, 內而不出. 三十而有室,

始理男事, 博學無方, 孫友視志. 四十始仕, 方物出謀發慮, 道合則

服從 不可則去. 五十命爲大夫, 服官政. 七十致事.

【논어 1】 원문 16

子曰 誦詩三百, 授之以政 不達. 使於四方 不能專對. 須多 亦奚

以爲.

【주희 4】 원문 17

本之二南 以求其端. 叅之列國 以盡其變. 正之於雅 以大其規. 和

之於頌 以要其止. 此學詩之大旨也.

【논어 2】 원문 18

子謂伯魚曰 女爲周南召南矣乎? 人而不爲周南召南, 其猶正牆面

而立也與.

【주희 5】 원문 19

昔周盛時, 上自郊廟朝廷 而下達於鄉黨閭巷, 其言 粹然無不出於

正者. 聖人固已恊之聲律 而用之鄉人, 用之邦國 以化天下. 至於

列國之詩 則天子巡守, 亦必陳而觀之, 以行黜陟之典. 降自昭穆

而後, 寖以陵夷, 至於東遷而遂廢不講矣.

【 예 기 4 】 원문 20

凡音之起 由人心生也. 人心之動 物使之然也. 感於物而動, 故形
於聲. 聲相應 故生變, 變成方 謂之音. 比音而樂之, 及干戚羽旄
謂之樂.

【 예 기 5 】 원문 21

是故先王愼所以感之者. 故禮以道其志, 樂以和其聲, 政以一其
行, 刑以防其奸. 禮樂刑政, 其極一也; 所以同民心而出治道也.

【 예 기 6 】 원문 22

凡音者 生人心者也. 情動於中 故形於聲. 聲成文 謂之音 是故治
世之音 安以樂, 其政和. 亂世之音 其政乖. 亡國之音 哀以思, 其
民困. 聲音之道 與政通矣

【 예 기 7 】 원문 23

凡音者, 生於人心者也. 樂者, 通倫理者也. 是故知聲而不知音者,
禽獸是也; 知音而不知樂者, 衆庶是也. 唯君子爲能知樂. 是故審
聲以知音, 審音以知樂, 審樂以知政, 而治道備矣. 是故不知聲者
不可與言音, 不知音者不可與言樂. 知樂則幾於禮矣. 禮樂皆得,
謂之有德. 德者得也.

【 예 기 8 】 원문 24

是故樂之隆, 非極音也. 食饗之禮, 非致味也. 淸廟之瑟, 朱弦而 疏越, 壹倡而三嘆, 有遺音者矣. 大饗之禮, 尙玄酒而俎腥魚, 大 羹不和, 有遺味者矣. 是故先王之制禮樂也, 非以極口腹耳目之欲 也, 將以敎民平好惡而反人道之正也.

【예기 9】 원문 25

樂由中出, 禮自外作. 樂由中出故 靜. 禮自外作故 文. 大樂 必易, 大 禮 必簡, 樂至則無怨 禮至則不爭 揖讓而治天下者 禮樂之謂也.

【예기 10】 원문 26

大樂 與天地同和 大禮 與天地同節 和故 百物不失 祀天祭址. 明 則有禮樂, 幽則有鬼神, 如此 則四海之內 合敬同愛矣. 禮者 殊事 合敬者也 樂者 異文合愛者也 禮樂之情 同.

【예기 11】 원문 27

樂者 天地之和也 禮者天地之序也 和故百物皆化 序故群物皆 別 樂由天作 禮以地制 過制則亂 過作則暴 明於天地然後 能興 禮樂也.

【예기 12】 원문 28

司徒修六禮以節民性 明七敎以興民德 齊八政以防民淫 一道德以 同俗 養耆老以致孝 恤孤獨以逮不足 上賢以崇德 簡不肖以絀惡.

음악, 마음을 다스리다

【예기 13】원문 29

樂正崇四術立四敎 順先王詩書禮樂以造士 春秋敎以禮樂 冬夏
敎以詩書王大子 王子 羣后之大子 卿大夫 元士之適子 國之俊選
皆造焉 凡入學以齒.

【예기 14】원문 30

子張問政, 子曰, "師乎! 前, 吾語女乎? 君子明於禮樂, 擧而錯之
而已.

【예기 15】원문 31

魏文侯問於子夏曰, "吾端冕而聽古樂, 則唯恐臥; 聽鄭衛之音, 則
不知倦." 敢問, "樂之如彼何也? 新樂之如此何也?" 子夏對曰, "今
夫古樂, 進旅退旅, 和正以廣. 弦匏笙簧, 會守拊鼓, 始奏以文, 復
亂以武, 治亂以相, 訊疾以雅. 君子於是語, 於是道古, 修身及家,
平均天下. 此古樂之發也."

【예기 16】원문 32

今夫新樂, 進俯退俯, 姦聲以濫, 溺而不止; 及優侏儒, 糅雜子女,
不知父子. 樂終不可以語, 不可以道古. 此新樂之發也.

【예기 17】원문 33

"今君之所問者樂也, 所好者音也! 夫樂者, 與音相近而不同." 文

侯曰, "敢問何如?" 子夏對曰, "夫古者, 天地順而四時當, 民有德而五穀昌, 疾疢不作而無妖祥, 此之謂大當. 然後聖人作爲父子君臣, 以爲紀綱. 紀綱旣正, 天下大定. 天下大定, 然後正六律, 和五聲, 弦歌詩頌, 此之謂德音; 德音之謂樂."

【예기 18】 원문 34

今君之所好者, 其溺音乎? 文侯曰, "敢問溺音何從出也?" 子夏對曰, "鄭音好濫淫志, 宋音燕女溺志, 衛音趨數煩志, 齊音敖辟喬志, 此四者皆淫於色而害於德, 是以祭祀弗用也."

【예기 19】 원문 35

爲人君者謹其所好惡而已矣. 君好之, 則臣爲之. 上行之, 則民從之. 詩云, "誘民孔易", 此之謂也.

【정약용 1】 원문 36

士無故不撤琴瑟. 聖人之道 非樂不行, 帝王之治 非樂不成, 天地萬物之情 非樂不該. 樂之爲德 若是其廣博崇深 而三代之後 獨樂全亡, 不亦悲哉! 百世無善治 四海無善俗 皆以 樂之亡耳. 爲天下者 宜致意焉.

【예기 20】 원문 37

禮樂不可斯須去身.

음악, 마음을 다스리다

【주희 6】 원문 38

朱子曰 樂有五聲十二律, 更唱迭和 以爲歌舞八音之節. 可以養人
之性情而蕩滌其邪穢, 消融其査滓故, 學者之終 所以至於義精仁
熟 而自和順於道德者, 必於此而得之. 是 學之成也.

【논어 3】 원문 39

子路曾晳冉有公西華侍坐. 子曰, "以吾一日長乎爾, 毋吾以也. 居
則曰, '不吾知也!' 如或知爾, 則何以哉?" 子路率爾而對曰, "千乘
之國, 攝乎大國之間, 加之以師旅, 因之以饑饉, 由也爲之, 比及
三年, 可使有勇, 且知方也." 夫子哂之. "求! 爾何如?" 對曰, "方
六七十; 如五六十; 求也爲之, 比及三年, 可使足民. 如其禮樂, 以
俟君子." "赤! 爾何如?" 對曰, "非曰能之, 願學焉. 宗廟之事, 如會
同, 端章甫, 願爲小相焉."

【논어 4】 원문 40

"點! 爾何如?" 鼓瑟希, 鏗爾, 舍瑟而作, 對曰, "異乎三子者之撰."
子曰, "何傷乎? 亦各言其志也." 曰, "莫春者, 春服旣成, 冠者五六人,
童子六七人, 浴乎沂, 風乎舞雩, 詠而歸." 夫子喟然歎曰, "吾與點也!"

【논어 5】 원문 41

三子者出, 曾晳後. 曾晳曰, "夫三子者之言何如?" 子曰, "亦各言
其志也已矣." 曰, "夫子何哂由也?" 曰, "爲國以禮, 其言不讓, 是故

3장 원문 및 함께 읽어볼 자료

哂之."唯求則非邦也與?""安見方六七十如五六十而非邦也者?"
"唯赤則非邦也與?"宗廟會同, 非諸侯而何?"赤也爲之小, 孰能
爲之大?"

【논어 6】원문 42

子在齊, 聞韶 三月不知肉味.

【예기 21】원문 43

子夏曰, "五至旣得而聞之矣, 敢問何謂三無?"孔子曰, "無聲之樂,
無體之禮, 無服之喪, 此之謂三無."子夏曰, "三無旣得略而聞之
矣, 敢問何詩近之?"孔子曰, "'夙夜其命宥密', 無聲之樂也.'威儀
逮逮, 不可選也', 無體之禮也.'凡民有喪, 匍匐救之', 無服之喪
也.'

【서경덕 1】원문 44

琴而無絃 存體去用
非誠去用 靜基含動
聽之聲上 不若聽之於無聲
樂之刑上 不若樂之於無刑
樂之於無刑 乃得其妙
聽之於無聲 乃得其妙
外得於有 內得於無

顧得趣乎其中 爰有事於絃上工夫

不用其絃 用其絃 絃律外宮商

吾得其天 樂之以音

樂其音 音非聽之以耳 聽之以心

彼哉子期 曷耳吾琴.

【주희 7】 원문 45

武夷山上有仙靈　　山下寒流曲曲淸

欲識箇中奇絶處　　櫂歌閑聽兩三聲

一曲溪邊上釣船　　萬亭峰影潛晴川

虹橋一斷無消息　　萬壑千巖鎖翠煙.

【이현보 1】 원문 46

雪鬢漁翁 住浦間

自言居水 勝居山

배 떠라 배 떠라

早潮纔落 晚潮來

지국총 지국총 어사와

倚船漁父 一肩高.

【 이황 1 】 원문 47

老人, 素不解音律 而猶知厭聞世俗之樂. 閑居養疾之餘, 凡有感
於性情者 每發於詩. 然今之詩 異於古之詩, 可詠而不可歌也. 如
欲歌之, 必綴以俚俗之語, 蓋國俗音節所不得不然也. 故嘗略倣
李歌而作, 爲陶山六曲者 二焉 其一言志 其二言學. 欲使兒輩 朝
夕習而歌之 憑几而聽之 亦. 今兒輩, 自歌而自舞蹈之. 庶幾可以
蕩滌鄙吝, 感發融通, 而歌者與聽者 不能無交有益焉.

【 정내교 1 】 원문 48

古之歌者必用詩, 歌而文之者爲詩. 詩而被之管絃者爲歌. 歌與詩
固一道也.

【 정내교 2 】 원문 49

盖歌詞之作, 非有文章而精聲律則不能故, 能詩者 未必有歌. 爲
歌者 未必有詩, 至若 國朝, 代不乏人而歌詞之作, 絶無而僅有, 有
亦不能久傳, 豈以國家, 專尙文學而簡於音樂故然耶!

【 마악노초 1 】 원문 50

逮吾東, 其弊滋甚獨有歌謠一路, 差近風人之遺旨, 率情而發, 緣
以俚語, 吟諷之間, 油然感人.

음악, 마음을 다스리다

【장복소 1】원문 51

我國歌譜, 昔周之風雅 漢樂府流也. 名臣巨儒騷人墨客, 往往吟
詠焉. 歷三百餘載, 其譜有平而緩者, 請而哀者, 如暴風驟雨震蕩
天地者, 如綿草葛藟蔓延林者, 悅人耳 和人心, 其亦風敎之一大
關也.

【홍대용 1】원문 52

歌者, 言其情也. 情動於言, 言成於文, 謂之歌. 舍巧拙 忘善惡 依
乎自然 發乎天機, 歌之善也.

함께 읽을 자료

경서류

『서전書傳』

『시전詩傳』

『춘추春秋』

『예기禮記』

『논어論語』

『맹자孟子』

『대학大學』

『중용中庸』

『주역周易』

『도덕경道德經』

『장자莊子』

『환단고기桓檀古記』

『사기史記』「악서樂書」

『한서漢書』「예악지禮樂志」

『후한서後漢書』「동이열전東夷列傳」

음악, 마음을 다스리다

『고문진보古文眞寶』

『율려신서律呂新書』

『악학궤범樂學軌範』

『시악화성詩樂和聲』

『열국연의列國演義』

『삼국연의三國演義』

홍자성, 『채근담菜根譚』

이현보, 『농암집聾巖集』

이황, 『퇴계집退溪集』

이익, 『성호사설星湖僿說』

정약용, 『악서고존樂書孤存』

이득윤, 『현금동문유기玄琴東文類記』

이규경, 『오주연문장전산고五洲衍文長箋散稿』

홍대용, 『대동풍요大東風謠』

김천택, 『청구영언靑丘永言』

김수장, 『해동가요海東歌謠』

박효관·안민영, 『가곡원류歌曲源流』

단행본

곽태천, 『한국전통음악의 악조시론』, 갑우문화원, 2013

권영철, 『규방가사연구』, 이우출판사, 1980

———, 『고시가古詩歌 연구』, 경산대출판부, 1997

김원경, 『한국시가문학상의 유학사상 연구』, 학문사, 1983

김종수·이숙희 공역, 『시악화성』, 국립국악원, 1996

김진향, 『선가 하규일선생 약전』, 예음, 1993

남상호, 『공자의 시학』, 강원대학교 출판부, 2011

다나베 히사오田邊尙雄, 박수관 역, 『조선·중국음악조사기행』, 2000

류승국, 『한국유학사』, 유교문화연구원, 2011

문주석, 『풍류방과 조선후기 음악론 연구』, 지성인, 2011

———, 『가곡원류 신고』, 지성인, 2012

문현, 『음악으로 알아보는 시조』, 민속원, 2005

박상화, 『정역과 한국』, 경인문화사, 1978

박종천, 『예, 3천년 동양을 지배하다』, 글항아리, 2011

서경요, 『유교인문학의 예악문화』, 학고재, 2012

서복관, 권덕주 역, 『중국예술정신』, 1990

성경린, 『국악감상』, 삼호출판사, 1986

송방송, 『한국음악통사』, 민속원, 2007

송방송·박정련 외, 『국역 율려신서』, 민속원, 2005

안동문화원, 『송간일기松澗日記』, 2013

여기현, 『중국고대악론』, 태학사, 1995

오웅화, 이홍진 역, 『당송사통론唐宋詞通論』, 계명대학교출판사, 1991

우실하, 『전통문화의 구성 원리』, 소나무, 2007

———, 『전통음악의 구조와 원리』, 소나무, 2007

윤병천, 『오천년 음악의 완성 균화』, 민속원, 2011

음악, 마음을 다스리다

윤용섭,『전통음악과 함께 하는 동양학산책』, 안동문화원, 2010

이장희,『조선시대 선비 연구』, 박영사, 2007

이종은,『한국시가상의 도교사상 연구』, 보성문화사, 1982

이지양,『홀로 앉아 금琴을 타고』, 샘터, 2007

이택후·유강기 주편, 권덕주·김승심 공역,『중국미학사』, 대한교과서주식회
사, 1992

이택후, 권호 역,『화하미학華夏美學』, 동문선, 1994

이혜구,『한국음악 연구』, 민속원, 2005

장사훈,『국악총론』, 세광음악출판사, 1986

전지영,『악론선집樂論選集』, 민속원, 2008

조남권·김종수 공역,『역주 악기』, 민속원, 2000

조유희,『조선후기 실학자의 음악사상』, 보고사, 2011

조윤제,『한국시가의 연구』, 을유문화사, 1984

풍우란, 박성규 역,『중국철학사』, 까치글방, 1977

한흥섭,『한국의 음악사상』, 민속원, 2002

1 군자는 지도자를 의미한다. 지도자로서의 인격을 갖춘 사람이며 유학이 지향하는 이상적 인간상이다.

2 『논어』「헌문」: 子路問君子 子曰 修己以敬. 曰 如斯而已乎. 曰 修己以安人. 曰 如斯而已乎. 曰 修己以安百姓 修己而安百姓 堯舜其猶病諸!

3 『중용』: 遠之則有望 近之則不厭:

4 『중용』: 그것을 행하게 하는 것은 하나다所以行之者 一也. 이 하나는 '성誠'이다.

5 『주역』「건괘·문언전」: 元者 善之長也 亨者, 嘉之會也, 利者, 義之和也. 貞者, 事之幹也. 君子體仁 足以長人, 嘉會 足以合禮.

6 문강은 원래 제나라 공주로서 제 양공의 이복동생이었다.

7 보통 제 환공, 진 문공, 초 장왕, 오왕 합려, 월왕 구천을 일컫는다.

8 소홀은 주군이 죽자 곧 자결했다. 그러나 공자는 소절小節을 지켜 자결하지 않고 굴욕을 참고 살아남아, 후일 제나라를 일으키고 주 왕실을 높이며 외적으로부터 중국을 지킨 관중의 처신을 칭찬했다.

9 心生一計, 制成『黃鵠』之詞, 教役人歌之. 詞曰: 黃鵠黃鵠, 戢其翼, 縶其足, 不飛不鳴兮籠中伏. 高天何跼兮, 厚地何蹐! 丁陽九兮逢百六. 引頸長呼兮, 繼之以哭! 黃鵠黃鵠, 天生汝翼兮能飛, 天生汝足兮能逐, 遭此網羅兮誰與贖? 一朝破樊而出兮, 吾不知其升衢而漸陸. 嗟彼弋人兮, 徒旁觀而躑躅!

役人旣得此詞, 且歌且走, 樂而忘倦. 車馳馬奔, 計一日得兩日之程, 遂出魯境. 魯莊公果然追悔, 使公子偃追之, 不及而返. 夷吾仰天嘆曰: 吾今日乃更生也!

10 『上山歌』曰: 山嵬嵬兮路盤盤, 木濯濯兮頑石如欄. 雲薄薄兮日生寒, 我驅車兮上巉岏. 鳳伯爲馭兮俞兒操竿, 如飛鳥兮生羽翰, 跋彼山巓兮不爲難.

『下山歌』曰: 上山難兮下山易, 輪如環兮蹄如墜. 聲轔轔兮人吐氣, 歷幾盤兮頃刻而平地. 擣彼戎廬兮消烽燧, 勒勳孤竹兮億萬世.

11 1단계 욕구는 '생리적 욕구'로 먹고 자는 것 등 가장 기본적 욕구다. 2단계 욕구는 '안전에 대한 욕구'로 추위·질병·위험 등으로부터 자신을 보호하는 욕구다. 3단계 욕구는 '애정과 소속에 대한 욕구'로 가정을 이루거나 친구를 사귀는 등 어떤 단체에 소속되어 애정을 주고받는 사회적 욕구다. 4단계 욕구는 '자기 존중의 욕구'로 남으로부터 명예나 권력을 누리려는 욕구다. 5단계 욕구는 '자기실현의 욕구desire for self-realization'로 자신의 잠재능력을 충분히 발휘해서 자기가 이룰 수 있는 최상의 것을 성취하려는 최고 수준의 욕구다. 1~4단계까지는 대부분의 사람들이 가지고 있는 '기본적 욕구'이고 5단계의 '자기실현 욕구'는 다소 추상적이며 정신적인 '메타 욕구'로서 그 성취감이 주는 희열은 자기존중 욕구의 충족이 주는 희열보다 몇 배나 된다고 한다. 그런데 유교의 음악론은 좋은 음악을 통해 인간의 자기실현 욕구를 충족하는 데 큰 도움을 주려는 것이라 하겠다. 그리고 매슬로우는 자기실현을 성취한 위인이 가진 공통점으로서 '절정 경험peak experience'을 들고 있다. 평생 한 번 있을까말까 한 '절정 경험'을 누려본 인간은 깊은 통찰과 풍부한 정서, 평등한 인류애, 초문화적이며 초환경적인 태도, 모든 문화에 대한 이해심 등을 갖추게 되는데, 이것은 모든 위인들의 공통점이라 한다.

12 樂而不淫 哀而不悲

13 月到天心處, 風來水面 時 一般淸意未, 料得少人知.

14 『논어』 「헌문」 : 時然後言 人不厭其言 樂然後笑 人不厭其笑 義然後取 人不厭其取.

15 『논어』 「헌문」 : 子問 公叔文子於公明賈曰 信乎 夫子 不言不笑不取乎. 公明賈 對曰 以告者過也. 夫子 時然後言 人不厭其言 樂然後笑 人不厭其笑 義然後取 人不厭其取. 子曰 其然 豈其然乎.

16 중화가 지극해지면 천지도 자기 자리에 평안히 안정하며 만물도 스스로 잘 자란다.

17 「단전象傳」 : 大哉乾元 萬物資始 乃統天 雲行雨施 品物流形 大明終始 六位時成 時乘六龍以御天 乾道變化 各正性命 保合大和 乃利貞 首出庶物 萬國咸寧. 「단전」에서 말한다. "위대하구나 하늘의 원기여! 만물이 이에 힘입어 비롯되었으니, 그것이 하늘을 주재한다. 구름은 떠가고 비는 내리며 만물은 모양 짓고 형체를 이루는구나. 대명이 마치고 비롯하며, '건괘'의 여섯 자리는 때에 따라 이뤄지며 때맞춰 육룡을 타고 하늘에서 운행한다. 천도의 변화로 말미암아 만물에게 각각 성품과 생명이 부여되고 태화太和의 원기가 보전되고 융합한다. 그리고 만물에 이롭고 곧은 도리를 이루게 한다. 건도乾道가 일어나 뭇 물건의 머리가 되니, 만국도 모두 평안하게 된다."

18 세조 28년 나라에서 정비한 음악의 이름을 '균화鈞和'로 정했다. 윤병천, 『균화』, 민속원, 2011, 271쪽.

19 유학은 춘추전국시대 유가儒家의 학문이 한漢 무제武帝 이후, 학문적 체계를 갖추게 된 것을 가리키고 유교는 문묘를 세워 공자와 공자를 계승한 여러 성현을 배향하고 전국적으로 향교가 설치되는 그 가르침을 전하는 국교화 된 형태를 말한다. 유학의 내용이 인간 모두에 해당하는 인류의 보편적 진리를 가르치는 것이라 볼 경우, 유학과 유교는 그 구분이 매우 어렵다.

20 『중용』: 天命之謂性 率性之謂道 修道之謂敎.

21 『논어』「옹야」: 子曰 賢哉回也! 一簞食 一瓢飮 在陋巷, 人不堪其憂 回也不改其樂 賢哉 回也.

22 이것이 내성외왕內聖外王의 길인데 학문의 목표가 된다. 따라서 학문을 이루어 세상에 나가 국가와 사회를 위해 일하는 것을 가장 보람된 일로 여겨왔다. 조선시대 대부분의 유학자가 과거科擧에 집착한 것은 개인과 가문의 영광도 있지만 유학의 본의에서 자연히 유발되는 현상이기도 했다.

23 넷으로 구분하면 성현·군자·선비·범부凡夫가 될 것이다.

24 범중엄, 『악양루기岳陽樓記』: 居廟堂之高 則憂其民, 處江湖之遠 則憂其君. 是進亦憂 退亦憂. 然則何時而樂耶? 其必曰 先天下之憂而憂 後天下之樂而樂歟!

25 『율곡전서』「동호문답東湖問答」

26 『논어』「태백」

27 『논어』「양화」: 詩, 可以興 可以觀 可以群 可以怨 邇之事父 遠之事君 多識於鳥獸草木之名.

28 예를 들어 윤광섭은, 전쟁기념관에 새겨진 유희남의 시 「님이시여」에 표현된 호국영령에 대한 경모의 정과 이육사의 「광야」가 우리 민족에게 제시하는 웅대한 메시지에 감동하여 이 좋은 시를 보다 많은 사람이 쉽게 접하고 염두에 지닐 수 있도록 각각의 시에 곡을 붙여 발표한 바 있다. 윤광섭의 '님이시여'는 2009년 김봉의 지휘로 성남시립교향악단에서 연주되었고 이후 호국기념행사에 종종 연주되고 있으며 '광야'는 박성완의 지휘로 2012년 경북도립교향악단 송년기념연주회에서 연주된 바 있다.

29 『논어』「위정」: 道之以政 齊之以刑 民免而無恥 道之以德 齊之以禮 有恥且格.

30 『논어』「태백」: 興於詩 立於禮 成於樂.

31 군주는 종묘에서 조상에게 제사를 올렸다. 교사郊祀는 교외에서 천지에 제사를 지내는 것으로 동지에 하늘, 하지에 땅에 제사를 올렸다.

32 「풍아십이시보」는 고대 주나라 시경의 음악적 재현으로서 당나라 현종 시대에 유행했다고 남송의 진사 조언숙趙彦肅이 전했으나, 사실 「풍아십이시보」가 무엇을 근거로 지어졌는지는 상당히 모호하다.

33 1105년 위한진魏漢津이 송 휘종의 중지 3절을 1촌으로 삼아 율관을 정했고 1108년 유병劉昺이 『악서樂書』를 지어 아악을 정리했다. 중국의 유학은 대개 삼국시대 무렵 들어왔다고 보는데, 유교음악은 고려 예종 11년에 정식 유입되었다.

34 주나라의 제사에 쓰인 음악이 아雅와 송頌으로서 그 가사가 『시경』에 전한다.

35 문묘제례악 15궁을 묶어 '응안지악'이라고도 한다. 그러나 지금 연주되고 있는 곡은 그 가운데 '황종궁' '고선궁' '중려궁' '이칙궁' '남려궁' '송신황종궁' 등 6곡이다.

36 제례악에서는 철저히 옛 음악의 방식으로 음악을 연주한다. 악기와 여러 악물들도 원래 주나라의 옛 제도에 있는 팔음을 그대로 사용해야 한다. 그러므로 금슬과 같이 다른 음악에는 쓰지 않고 제례악에만 사용하는 악기가 있다. 여기에 사용되는 악기를 팔음으로 나누면 금부金部에는 편종·특종, 석부石部에는 편경·특경, 죽부竹部에는 지·적·약·소, 사부絲部에는 금·슬, 토부土部에는 훈·부, 목부木部에는 축·어·박, 포부匏部에는 생황·부, 혁부革部에는 절고·진고·노고·노도 등이 된다.

37 시·가·악·무의 일체성을 말한다. 노래는 가요 악장은 시요 기악합주는 악이요 춤은 무다.

38 이로써 '천지인' 삼재三才가 완성된다. 등가는 천天, 헌가는 지地, 춤추는 사람들은 인人이 되기 때문이다.

39 천자는 팔일무, 제후는 육일무, 대부大夫는 사일무, 사士는 이일무를 출 수 있다. 일무의 수에 있어서 두 학설이 있다. 첫째, 복건腹虔의 설은 열列의 수가 변해도 팔음八音은 갖추어야 하므로 1열에 8명씩 구성되어야 한다는 주장이다. 둘째, 두예杜預의 설은 열수와 행수가 같은 정방형의 인원 구성을 한다는 주장이다. 복건의 설을 따르면 팔일무는 64인(8열 8행), 육일무는 48인(6열 8행), 사일무는 32인(4열 8행) 등이며, 두예의 설을 따르면 팔일무는 64인(8열 8행), 육일무는 36인(6열 8행), 사일무는 16인(4열 4행) 등이 된다. 문묘제례악의 일무는 복건의

설을 따라 대체로 48명으로 구성했다. 그러나 종묘제례악에서는 36명이 추었다.

40 궁중음악의 성악에 사용하는 가사를 말한다. 정도전 등이 지은 것은 노래의 가사인 악장을 지었다는 것이지 곡조를 지은 것은 아니다. 가사만 달랐을 '청산별곡' '서경별곡' 등 고려의 음악을 사용했다.

41 보태평에 없는 전폐례, 진찬례, 철변두, 송신례의 음악을 만들고 최항이 악장을 지어 제사 절차에 따른 음악을 완성한다.

42 초헌례에서는 보태평을 등가에서 연주하고 문무를 춘다. 아헌과 종헌례에서는 헌가에서 정대업을 연주하며 무무를 춘다.

43 "주나라 비록 오래된 나라이지만, 그 천명은 새롭도다周雖舊邦, 其命維新."

44 하나라 제3대 태강太康이 임금으로 있으면서 놀이에 빠져 덕을 잃으니 백성이 모두 다른 마음을 먹었다. 그런데도 할아버지인 우왕禹王의 덕만 믿고 그 버릇을 고치지 못하더니, 마침내 낙수洛水 밖으로 사냥나간 지 백날이 넘어도 돌아오지 않으므로, 예羿가 백성을 위해 참을 수 없다 하여 태강을 폐위시켜 버렸다는 고사를 인용하여 후손들을 경계하고 있다.

45 윤병천, 앞의 책, 272쪽. 박연이 재연한 아악과 보태평, 전대업, 발상 등의 신악은 균화라할 수 있겠으나, 고려시대부터 전래해온 향악과 당악은 균화의 개념 속에 포함시키지 않는 것이 옳지 않나 생각한다.

46 『중용』: 천자가 아니라면 예를 의논하지 못하며, 법도를 제정하지 못하며, 문자를 고구考究하지 못한다. 지금 천하에는 수레는 수레바퀴의 치수가 같으며, 글은 문자文字가 같으며, 행동은 차례가 같다. 비록 그러한 일을 할 수 있는 자리에 있다 하더라도 진실로 그러한 일을 할 만한 덕이 없다면 감히 예악을 제정해서는 안 된다. 비록 그러한 일을 할 수 있는 덕이 있다고 해도 진실로 그러한 일을 할 수 있는 자리에 있지 않다면 또한 감히 예악을 제정해서는 안 된다非天子 不議禮 不制度 不考文. 今天下 車同軌 書同文 行同倫. 雖有其位 苟無其德 不敢作禮樂焉. 雖有其德 苟無其位 亦不敢作禮樂焉.

47 당요, 우순, 하우, 상탕, 주무이니, 당나라의 요임금과 우나라의 순임금, 하나라의 우왕과 상나라의 탕왕, 주나라의 문왕과 무왕을 가리키며, 수신을 통해 도덕을 갖추고 태평성대를 여는 왕도정치를 행한 제왕들을 지칭하는 말이다.

48 황종척을 기준으로 할 때, 각 도량형은 다음과 같이 된다. 검은 기장巨黍 1알을 1푼, 종으로 쌓아 기장 9알, 즉 9푼이 1촌(횡으로 쌓으면 10푼), 이를 다시 9번 쌓은 기장 81알(81푼 즉 9촌)

음악, 마음을 다스리다

이 1척이다. 이것이 종서척이 된다. 황종율관이 만들어지면 여기에 기장 1200알이 들어간다. 이것이 1약龠이다. 10약은 1되升요 10되는 1말斗이다. 다음 무게衡의 단위는 다음과 같다. 거서秬黍 100알의 무게를 1수銖라 하고 1200개 무게가 12수銖인데, 이것을 두 배로 한 24수(즉 2약)가 1냥兩, 16냥이 1근斤이다. 이처럼 황종은 만사의 근본이 되므로, 정확한 황종율의 정하는 일은 국민의 경제활동을 위하여 국가가 실제적으로 해야 하는 급선무다.

49 우실하, 『전통음악의 구조와 원리』, 138쪽, 소나무, 2007

50 육율六律(양陽): 황종黃鐘, 태주太簇, 고선姑洗, 유빈蕤賓, 이칙夷則, 무역無射.

 육려六呂(음陰): 대려大呂, 협종夾鐘, 중려仲呂, 임종林鐘, 남려南呂, 응종應鐘.

51 『한서』 「율력지」에 다음과 같은 기록이 있다. "황제가 음악가인 윤倫을 시켜, 대하大夏의 서쪽, 곤륜昆侖의 북쪽에 있는 해곡解谷의 골짜기에서 자라는 구멍과 두께가 고른 대나무를 채취하여, 양쪽 마디를 자르고 붙여서 황종의 궁으로 삼았다. 봉황의 울음소리를 듣고 12통을 만들었는데, 그 수컷이 우는 소리가 여섯이요 암컷이 우는 소리가 여섯이었다. 이 소리들을 황종의 궁음과 비교하여 12율을 만들 수 있었다. 이것이 율律의 근본이다.

52 세종이 절대 음감을 가졌다는 사실을 입증하는 유명한 사례다. 김종수·이숙희, 『시악화성』, 국립국악원, 1996, 60쪽. 세종은 오늘날 반음의 10분의 1에 해당하는 10센트의 음정 차이를 구분할 수 있는 음감을 지녔다 한다.

53 우실하, 위의 책, 140~146쪽.

54 肆覲東后協時月正日同律度量衡.

55 조유희, 『조선후기 실학자의 자주적 음악사상』, 보고사, 2011, 182쪽.

56 원나라의 대학자인 노재 허형의 글에 "志伊尹之志 學顔子之學 出則有爲 處則有守"라 했는데, 조선시대 도학자에게 많은 영향을 주었다. 이윤의 뜻을 뜻으로 하고 안자의 학문을 학문으로 하여 나가면 행하는 바가 있고 물어나면 지키는 바가 있어야 한다. 이를 선비의 출처대의出處大義라 한다.

57 강호가도江湖歌道 가운데는 한국의 전통 미의식과 전통 문화가 살아 있으며 유교적 가치가 녹아 있다. 따라서 안동 지방 선비층에서 유행했던 시가詩歌의 정신을 정확히 이해하고 체험하려면 강호시가가 형성된 선현 유적을 답사하면서 유교의 시관詩觀과 예악관禮樂觀, 즉 시의 풍교적 성격과 예악의 도덕적·정치적 의미를 음미하고 덧붙여 전통 문화의 특질을 살펴보는 것이 좋을 것이다. 예악은 서로 보완하는 관계요 떼려야 뗄 수 없는 사이다. 예는 경敬을

지향하고 악은 화和를 본질로 한다. 예악에는 화경和敬의 정신이 담겨 있다. 주위와 조화·화합하며 다른 이와 존중·경애하는 덕성과 윤리는 예악에서 완비되는데 이는 다시 시가를 기초로 형성될 수 있다. 시가를 노래하고 예절을 배우며 음악을 즐기는 것! 참된 공부와 인격 함양은 이 가운데 있다.

58 조윤제, 『조선시가사강』, 을유문화사, 1954, 247~261쪽.

59 初九曰. 潛龍勿用. 何謂也. 子曰. 龍德而隱者也. 不易乎世 不成乎名 遯世無悶 不見是而無悶 樂則行之 憂則違之 確乎其不可拔. 潛龍也. 초구는 잠룡이라 힘이 약하니 세상에 숨어 조용히 힘을 쌓으며 때를 기다리며, 건괘 초구의 가르침에 따라 군자는 세상을 잊고 사는 법을 행한다. 용덕龍德을 갖춘 큰 인물이 은둔하는 모습이다. 그는 세상이 자기를 알아주지 않더라도 걱정하지 않으며 지조를 바꾸지도 않는다. 이것이 "不易乎世 不成乎名 遯世無悶"의 기백이요 덕성이다. 세상에 (따라) 바뀌지 않으며 이름을 이루지 않으며 세상에 숨어서도 걱정이 없다. 그리고 (내가 남들로부터) 옳다고 여겨지지 않더라도 번민, 걱정이 없다. 이와 같은 대인은 "세상이 즐길 만하면 행하고 근심할 만하면 (세상을) 거스른다樂則行之 憂則違之." 그러기에 "확고부동하여 그 뜻을 뽑을 수 없게 되는 것이니 이것이 바로 잠룡이라確乎其不可拔 潛龍也"는 것이다. 군자가 세상에 처함에는 출처를 분명히 해야 한다. 나아가면 백성과 함께 도를 행하고 즐거움을 같이해야 하며 물러나 산림에 처하면 스스로 도를 행하여 자기 몸을 보전하는 것이다. 이를 출처대의出處大義라 함은 이미 언급했다.

60 후한後漢 광무제光武帝 유수劉秀. 문숙은 자字.

61 한번 떠난 장지화가 돌아올 줄 모르므로, 동생이 영원히 돌아오지 않을까 걱정한 형 장학령張鶴齡(혹은 정진탁鄭振鐸의 『삽도중국사插圖中國文學史』에서 장송령張松齡이라고 했음)이 회계會稽 동곽東郭에 땅을 사서 띠집을 짓고 10년 동안 거주하며, 결국 동생을 불렀다는 고사가 있다. 가형家兄은 '어가자漁歌子'의 운에 맞추어, 「어부漁父」란 시를 지었는데 또한 명작이다.

즐거움은 파도 가운데 있고 낚시는 한가로운데樂在波釣是閑

초당의 마른 회檜나무는 기어오르기 좋았어라草堂枯檜已勝攀

태호의 물, 동정의 산太湖水 洞庭山

광풍과 파도가 이니 모름지기 돌아오길狂風浪起且須還!

62 소동파는 완계사浣溪沙와 자고천鷓鴣天 두 종류의 사조詞調로 어부사를 노래했다.

63 이우성, 「고려말·조선초의 어부가」, 『농암 이현보의 문학과 사상』, 안동대학교, 1992,

음악, 마음을 다스리다

333쪽.

64 양촌 권근은 일찍이 공부의 노래 솜씨는 그 소리가 청량하여 능히 천지에 가득 찬다고 평했다. 이우성은 '악장가사'의 어부가의 작자가 공부라고 추론한다. 위의 책 344쪽. 참고로 악장가사의 어부가는 농암 어부사의 원조다.

65 위의 책, 339쪽.

66 현재 중국 푸젠 성 우이산 시, 우이산 제5곡에 위치하며 후대 자양서원으로 확충되어 국가와 사림으로부터 크게 존숭되었다. 명대에 무이서원이 되었다. 주희가 강학한 곳은 이곳 외에 장시江西 성 여산廬山의 백록동서원이 있다.

67 一曲 승진동升眞洞, 二曲 옥녀봉玉女峰, 三曲 선기봉仙機巖, 四曲 금계봉金鷄巖, 五曲 철적정鐵笛亭, 六曲 선장암仙掌巖, 七曲 석당사石唐寺, 八曲 고루암鼓樓巖, 九曲 신림시新林市.

68 조기 후기 대표적 구곡원림은 다음과 같다.

퇴계의 죽계구곡竹溪九曲(경북 영주시 순흥면)과 외선유구곡外仙遊九曲(충북 괴산군)

율곡 이이의 고산구곡高山九曲

한강寒岡 정구鄭逑(1543~1620)의 무흘구곡武屹九曲

수헌壽軒 이중경李重慶(1599~1678)의 오대구곡梧臺九曲

우암尤巖 송시열宋時烈(1607~1689)의 화양구곡華陽九曲

곡운谷雲 김수증金壽增(1624~1701)의 곡운구곡谷雲九曲

수암遂菴 권상하權尙夏(1641~1721)의 황강구곡黃江九曲

병와瓶窩 이형상李衡祥(1653~1733)의 성고구곡城皐九曲

훈수塤叟 정만양鄭萬陽(1664~1730)의 횡계구곡橫溪九曲

옥소玉所 권섭權燮(1671~1759)의 화지구곡花枝九曲

근품재近品齋 채헌蔡瀗(1715~1795)의 석문구곡石門九曲

이계耳溪 홍양호洪良浩(1724~1802)의 우이동구곡牛耳洞九曲

경암敬菴 이한응李漢膺(1778~1864)의 춘양구곡春陽九曲

응와凝窩 이원조李源祚(1792~1871)의 포천구곡布川九曲

성재省齋 류중교柳重教(1832~1893)의 옥계구곡玉溪九曲

후산厚山 이도복李道復(1862~1938)의 이산구곡駬山九曲

도와陶窩 최남복崔南復(1759~1814)의 백련구곡白蓮九曲

천사泉史 송찬규宋燦奎(1838~1910)의 반계구곡磻溪九曲

69 『농암야록』, 퇴계의 평.

70 『농암집聾巖集』: '어부가漁父歌' 단가 5장

이듕에 시름업스니 漁父의 生涯로다.

一葉片舟를 萬頃波에 픠워 두고

人世를 다 니젯거니 날 가는주를 알랴.

구버는 千尋綠水 도라보니 萬疊靑山

十丈 紅塵이 언매나 フ렛는고

江湖애 月白호거든 더옥 無心호얘라.

靑荷애 바블 ᄡ고 綠柳에 고기 뻬여

蘆荻花叢에 빈 미야 두고

一般淸意味를 어늬 부니 아리실고.

山頭에 閑雲이 起호고 水中에 白鷗이 飛이라.

無心코 多情호니 이 두 거시로다.

一生에 시르믈 닛고 너를 조차 노로리라.

長安을 도라보니 北闕이 千里로다.

漁舟에 누어신들 니즌 스치 이시랴.

두어라, 내 시름 아니라 濟世賢(제세현)이 업스랴.

71 장 자크 루소의 『사회계약론』은 민주주의의 기본원리를 제시했으며 『에밀』은 근대교육학
을 연 책이다.

72 1776년, 그가 저술한 『국부론』은 자본주의 경제의 기본교과서다.

음악, 마음을 다스리다

73 『지봉유설』을 쓴 이수광을 비롯하여 허목, 김육, 유형원, 박세당 등의 학자가 실학의 단초를 제세했다. 물론 유학은 원래 실학을 지향한다. 특히 도교와 불교를 '허무적멸지도'라고 공격하고 유학이야말로 실학이라고 했다.

74 김성기金聖基는 탁월한 연주가였으며 예술가였다. 특히 신곡창작에도 명성이 높았다. 이지양, 『홀로 앉아 금을 타고』, 56쪽, 샘터, 2007.

75 조선 후기 애창되었던 명작들의 해설과 감상은 이지양에 의하여 훌륭히 이뤄졌다. 이지양, 위의 책 참고.

76 당·송 등 중국에서 전래된 음악이다. 당나라 음악만이 아니다.

77 玄之又玄 衆妙之門 : 가물고 또 가무니 즉, 신비롭고 또 신비로우니 모든 묘한 이치의 문이다. 노자, 『도덕경』

78 가곡 초수대엽으로 부르는 대표적 시조의 가사도 모티브가 순임금의 오현금이다. 이 노래의 가사는 다음과 같다. "남훈전 달 밝은 밤에, 팔원팔개 다리시고 오현금 일성에 해오민지온혜解吾民之慍兮로다. 우리도 성주 모이옵고 동락태평하리라." 팔원팔개는 순임금을 보좌하던 16분의 명신을 일컫고 '해오민지온혜解吾民之慍兮'란 백성의 시름을 풀어낸다는 뜻이다.

79 이를 '공성계空城計'라 하고 이 이야기를 '탄금주병彈琴走兵'이라 한다. 이 사실이 비록 실화가 아닐 수 있지만 그렇다 하더라도 옛 사람들이 음악의 힘을 얼마나 높게 인정했는가를 보여주는 사례가 된다.

80 주자의 「자양금명紫陽琴銘」, "그대의 고요하고 조화로운 바른 성품을 기르고 성냄과 탐욕에 젖은 사심私心을 금지하라. 하늘과 땅은 말이 없건만 물물物物마다 법칙을 품고 있으니, 내 그대(거문고)와 더불어 그 깊은 도리를 낚고자 한다養君中和之正性 禁爾忿慾之邪."

81 "이화우梨花雨 흩날릴 제 울며 잡고 이별한 님. 추풍낙엽에 저도 날 생각는가. 천리에 외로운 꿈만 오락가락 하노라." 명종연간에 활약한 황진이의 노랫가락은, 아마 만대엽으로 추정되고 이매창의 이 시조는 임란 직후에 지어졌으므로 아마도 중대엽 정도로 불려졌을 것으로 짐작된다. 삭대엽은 숙종 중기까지 무용 반주곡이었고 17세기 후반에 이르러 장족의 발전을 이룬다. 중대엽은 18세기 중반부터 세력을 잃고 가곡의 중심자리를 삭대엽에 내어준다.

널리 알려져 있듯이 삭대엽, 즉 자진한닢은 18~19세기에 걸쳐 화려한 변신을 거치면서 풍류방의 사랑을 독차지했는데 그 전체적 틀이 『가곡원류』 시대(1876)에 거의 완성되어 오늘에 이른다.

82 김진향, 『선가 하규일선생 약전』, 예음, 1993, 16쪽.

83 다산 정약용은 『악서고존』을 저술했으며, '악樂'은 정치 교화뿐만 아니라 개인의 감정을 다스리는 데 필수적인 요소로 인식했다. 그리고 공문孔門에서와 마찬가지로 '악樂'의 중요한 속성을 '중화中和'로 파악했다. 이숙희, 「중국 고대 악률학과 다산 정약용 악률학의 비교 연구」, 『선비와 음악』, 2013

84 『악학궤범』에 따르면 영산회상은 당시 궁중악무종목의 하나인 '학련화대처용무합설'의 음악으로 연주됐는데 그 정황을 다음과 같이 전하고 있다. "영산회상(만)을 연주하고 여기와 악공들이 소리를 일제히 하여 사(영산회상불보살)를 창하며 들어와 세 바퀴를 돌고 차례로 벌려서고 박을 치면 큰북을 쳐 영산회상(령)을 연주하여 음악이 점차 빨라지면 5방 처용이 발을 구르며 환무하고 여기, 악공과 의물차비, 가면 쓴 무동들이 또한 따라 발을 구르며 몸을 흔들어 기쁨을 표시한다. 이것이 끝나면 음악이 멎는다."

85 리차윤, 『조선음악사』, 458쪽.

86 이규경의 시대에는 노래를 마치고 난 다음에 대여음을 연주했다. 즉 『구라철사금자보』에는 가곡 1장, 2장, 3장, 중여음, 4장, 5장, 대여음의 순서이며 이를 7편이라 했다.

87 석북 신광수는 영조시대에 활동했으며 노년에 병조참의와 영월부사를 지냈다. 평생 가난 속에서 전국을 유람하며, 민중의 애환과 풍속을 시로 절실하게 노래했다. 몰락한 양반의 빈궁과 자신의 처지를 읊은 『서관록西關錄』과 제주도의 풍속을 읊은 『탐라록』, 강원도의 풍속과 고적을 묘사한 「관서악부」 등을 남겼다. 그의 『석북집』은 전국을 두루 다닌 여행의 경험을 통해서 직접 보고 들은 아름다운 자연과 향토의 풍물과 그 속에서 생활하는 민중의 애환을 그린 뛰어난 작품집이다. 관산융마는 기로과耆老科의 장원시로서 서도창, 또는 정가 계통의 시창으로 부르는 두 종류가 있다.

88 이규경李圭景(1788~?)은 19세기 초중반의 실학자로서 본관은 전주全州, 자는 백규伯揆, 호는 오주거사五洲居士로 박학다문한 기재奇才였다. 조부가 유명한 이덕무(1741~1793)이며 부친은 이광규李光奎(1795~1817)다. 그의 『오주연문장전산고五洲衍文長箋散稿』는 방대무비한 백과사전이면서도 내용이 매우 충실하여 후인을 놀라게 한다.

89 넓은 의미의 정가를 규정한다면, 율시律詩를 읊조리는 율창은 물론, 비록 종교음악이라고도 할 수 있지만, 범패도 정가에 포함될 수 있지 않나 생각한다.

음악, 마음을 다스리다

90 '數'는 '잦을 삭' 자이므로 당연히 '삭대엽'이다. 그런데 여기서 파생한 '初數大葉, 二數大葉, 三數大葉'은 '초삭대엽, 이삭대엽, 삼삭대엽'으로 읽지 않고 통상 '초수대엽, 이수대엽, 삼수대엽'으로 칭한다. 이 문제는 2012년 9월 대구에서 열린, (사)한국정가진흥회 주최 제1회 정기학술대회의 토론에서 논란되었다. 김경배, 서한범, 김영운, 이오규 교수 등이 참석한 그 자리에서 옛 가곡을 즐기던 대가들 모두가 한문에도 상당한 경지였는데, '잦을 삭' 자를 당연히 알지만 발성의 어감 상 첫소리 나는 '초삭'이라 하지 않고 부드럽게 '초수'라 했다 하여 관례상 초수, 이수로 부르는 것이 좋겠다는 잠정 결론에 도달한 바 있다.

91 孔子遊乎緇帷之林, 休坐乎杏壇之上. 弟子讀書, 孔子弦歌鼓琴, 奏曲未半. 有漁父者, 下船而來, 須眉交白, 被髮揄袂, 行原以上, 距陸而止, 左手據膝, 右手持頤以聽. 曲終而招子貢子路, 二人俱對. 어떤 어부가 공자가 행단 위에서 노래하며 금을 타시는 것을 턱을 괴고 듣고 나서 곡이 끝나자 공자의 제자인 자공과 자로에게 저분이 도하고는 멀다고 평하면서부터『장자』「어부」편의 이야기가 전개된다.

92 장수가 칼을 춤추고 창을 휘두르며 군진에서 말을 달려 적진을 향해 돌진하듯 씩씩하게 노래한다는 뜻.

93 제갈공명이 동오東吳에 건너가서 오나라의 여러 선비들과 설전을 벌여 굴복시키고 나아가 적벽대전을 승리로 이끌 듯, 가락이 변화무쌍함을 의미한다.

94 맑은 시내에서 비단을 빨래하듯, 이리저리 천을 뒤집는데 옷감이 물결 따라 출렁인다.

95 요임금의 바람이요 탕임금의 햇살이라, 태평한 세상에 꽃들은 봄빛 가득한 성에 흐드러지게 피어난다. 화려하고 즐겁게 노래하라는 요구다.

96 리차윤, 앞의 책, 369쪽.

97 조유희,『조선후기 실학자의 자주적 음악사상』, 보고사, 227쪽.

98 안동문화원,『송간일기』, 16쪽.

99 위의 책, 298쪽.

100 중대엽은 1620년『현금동문유기』에 한 곡, 1610년『양금신보』에는 평조·평조계면조·우조·우조계면조의 4가지 조에 다섯 곡이 실려 있다. 그리고 1724년『금보신증가령 琴譜新證假令』이후에 속하는 고악보에는 중대엽이 각각 1, 2, 3으로 파생되어 발전을 보인다. 그러나 이익의『성호사설星湖僿說』에 따르면 "만대엽은 너무 느려 이미 불리지 않은 지 오래고, 중대엽도 느려서 좋아하는 이가 별로 없다"고 되어 있어 영조 이전에 이미 만대엽은 사라졌고

중대엽도 퇴조를 보였음을 알 수 있다. 이후 조선 말기 『가곡원류歌曲原流』에는 그 전승이 완전히 단절되었다.

101 조유희, 앞의 책, 225쪽.

음악, 마음을 다스리다

원문주

1 『주역』「계사상전」제12장

2 『시경』「주송·민여소자지즙」제8편 작1장 : "아, 성대한 임금의 군사로 순종하여 힘을 길러서 때로 감추었다가 이에 순수하게 빛난 뒤에야 이에 큰 갑옷을 쓰셨도다. 내 영광스럽게 받았으니 군세고 군센 임금의 일이로다. 곧 뒤를 잇는 자들이 실로 네 공을 진실로 스승 삼을지어다."

3 『시경』「주송·신공지즙」제10편 무1장 : "아, 크나큰 무왕이여, 비길 데 없는 군셈이셨도다. 진실로 빛나는 문왕이 능히 그 뒤를 열어주셨거늘 이어 무왕이 받으시사 은나라를 이겨 죽임을 그치게 하여 네 공을 정함에 이르셨도다." 『예기』「명당위明堂位」편에 이르기를 붉은 방패와 옥도끼를 들고 면류관을 쓰고 태무를 춤춘다 했다.

4 「樂記」註. 雜比曰音 單出曰聲.

5 「樂記」疏. 聲旣變轉和合 次序成就文章 謂之音 音卽今之歌曲也.

6 『禮記』「樂記」註. 聲之辭意相應 自然生淸濁高下之變 變而成歌詩之方法 則謂之音矣 成方猶言成曲調也 比合其音而播之樂器 及舞之于戚羽旄 則謂之樂焉.

7 『예기』「악기」樂者爲同 禮者爲異 同則相親 異則相敬 樂勝則流 禮勝則離.

8 이 경우의 '好樂'는 '호요'로 읽는다. 좋아할 호, 좋아할 요, '요산요수樂山樂水'라 할 때의 요다.

9 기축년『진찬의궤進饌儀軌』와 무자년『진작의궤進爵儀軌』참조.

10 윤병천,『균화』, 민속원, 2011, 98쪽.

11 致樂以治心, 則易直子諒之心油然生矣. 易直子諒之心生則樂, 樂則安, 安則久, 久則天, 天則神. 天則不言而信, 神則不怒而威, 致樂以治心者也.

12 丁若鏞,『與猶堂全書』권1「樂論 一」"七情之中 其易發而難制者 怒也 (…) 今世俗之樂 皆淫哇噍殺不正之聲 然方樂之奏於前也. 官長恕其掾屬 家翁恕其僮僕 俗樂尙然 況古聖人之樂乎 故曰 禮樂不可斯須去身 豈不然 而聖人言之 樂不作 教化終不可行也. 風俗終不可變

也. 而天地之和 終不可得而致之也." 김영욱,『전통가곡의 악론』, 민속원, 2011, 195쪽.

13 『논어』「태백」: 十歲 學幼儀 十三 學樂誦詩 二十而後學禮.

14 증점의 자가 '석晳'이므로 증석曾晳이라고 했다. 그의 아들이 유명한 증삼인데 부자가 모두 공자에게 수학했다. 증삼은 출천대효로 이름이 났고 공자의 도덕을 계승하여 후세에 증자曾子로 추존된다.

15 주염계는 제자에게 '희로애락이 발하지 않을 때의 중의 자리未發之中'를 몸으로 체험할 것을 주문했다. 이 공부는 정명도·정이천, 양구산, 나예장, 이연평을 거쳐 주자에게까지 내려온 숙제였다.

16 20세기 최후의 도학자라 불리는 인물로서 유교와 불교를 융섭하는 학문과 고고한 은자의 삶을 살았다. 중국 대륙이 일본의 침략과 맞서 싸울 때, 쓰촨 성의 복성서원에서 행한 강의를 모은 『복성서원강록』이 있다.

17 서복관,『중국예술정신』, 동문선, 1990, 63쪽.

18 고려시대 공부의 작으로 추정된다.

19 漁父歌兩篇 不知爲何人所作 余自退老田間 心閒無事 裒集古人觴詠間 可歌詩文若干首 敎閱婢僕 時時聽而消遣 兒孫輩 晚得此歌而來示 余觀 其詞語閒適 意味深遠 吟詠之餘 使人有脫略功名 飄飄遐擧塵外之意 得此之後 盡棄其前所玩悅歌詞 而專意於此 手自膳冊 花朝月夕 把酒呼朋 使詠於汾江小艇之上 興味尤眞 亹亹忘倦 第以語多不倫 或重疊 必其傳寫之訛 此非聖賢經據之文 妄加撰改 一篇十二章 去三爲九 作長歌而詠焉 一篇十章 約作短歌五闋 爲葉而唱之 合成一部新曲 非徒刪改 添補處亦多 然亦各因舊文本意而增損之 名曰聾巖野錄 覽者 幸勿以僭越笘我也 時嘉靖己酉夏六月流頭後三日 雪鬚翁聾巖主人 書于汾江漁艇之舫.

20 先生之於此 旣得其眞樂 宜好其眞聲 豈若世俗之人 悅鄭衛而增淫 聞玉樹而蕩志者比耶.

21 육가六歌는 원래 남송의 충신이요 대문장인 문천상文天祥의 작품 가운데 하나다. 적국에 패하여 나라가 아수라장이 되고 자신은 포로로 잡혀가는데, 잃어버린 아내와 누이동생, 아들과 딸, 아름다웠던 첩들 그리고 자신의 불우에 대하여 비분강개하는 슬픈 노래 여섯 가락이다. 세상에 대한 울분을 담은 이 노래의 정신을 본받아 김시습이 '동봉육가東峯六歌'를 지었다. 이별의 육가는 세상에 대하여 비분강개하는 내용은 아니며, 세상을 버리는 탈속의 경계를 노래했다. 이별의 육가 가운데 한 수를 감상한다.

음악, 마음을 다스리다

붉은 잎 산초나무에 가득하고 빈 강 쓸쓸할 때 赤葉滿山椒 空江零落時

이슬비 내리는 바위 낚시터에서 고기잡이 하노라니 細雨漁磯邊

한 자루 낚싯대에 참 맛이 넘치누나 一竿眞味滋

세간의 이끗 찾는 무리야 어찌 꼭 서로 알려 할까보냐 世間求利輩 何必要相知

22 시경의 시들도 노래였고 우리나라의 경우에도 공무도하가, 황조가, 향가, 고려속요, 장가, 단가, 경기체가 등에는 모두 '노래 가歌' 자가 붙는다. 고대의 악이란 시가와 춤, 기악을 총칭한 개념이다. 앞서 이미 고찰했지만, 「악기樂記」에서도 "詩言其志也, 歌詠其聲也, 舞動其容也. 三者本於心"이라 하고 있다.

23 문주석, 『풍류방과 조선후기 음악론 연구』, 55쪽.

24 그런데 우리 음악을 공부할 때, 늘 혼란스럽고 어려운 곳이 악조樂調였다. 그런데 최근 곽태천이 그간 악조에 관하여 연구한 성과를 『한국전통음악의 악조시론』이란 책으로 발표했는데 실제 연주에서의 적용을 설명하여 기존의 혼란상을 상당히 해소한 것은 고무적인 일이라 하겠다.

음악,
마음을
다스리다

ⓒ 윤용섭

1판 1쇄	2014년 3월 4일
1판 3쇄	2014년 12월 3일

지은이	윤용섭
기획	한국국학진흥원
펴낸이	강성민
편집	이은혜 박민수 이두루
편집보조	유지영 곽우정
마케팅	정민호 이연실 정현민 지문희 김주원
온라인 마케팅	김희숙 김상만 한수진 이천희

펴낸곳	(주)글항아리	출판등록 2009년 1월 19일 제406-2009-000002호
주소	413-120 경기도 파주시 회동길 210
전자우편	bookpot@hanmail.net
전화번호	031-955-8891(마케팅) 031-955-8897(편집부)
팩스	031-955-2557

ISBN	978-89-6735-097-0 03100

글항아리는 (주)문학동네의 계열사입니다.

이 도서의 국립중앙도서관 출판시도서목록(CIP)은 e-CIP홈페이지(http://www.nl.go.kr/ecip)와
국가자료공동목록시스템(http://www.nl.go.kr/kolisnet)에서 이용하실 수 있습니다.
(CIP제어번호 : CIP2014005513)